Birgit Ebbert

5-Minuten-

SCHMUNZELGESCHICHTEN

für Senior*innen

ABER BITTE MIT MARMELADE!

... und weitere humoristische Anekdoten zum Vorlesen, Lachen und Plaudern

Verlag an der Ruhr

IMPRESSUM

Titel

*5-Minuten-Schmunzelgeschichten für Senior*innen*

Aber bitte mit Marmelade!

... und weitere humoristische Anekdoten zum Vorlesen, Lachen und Plaudern

Autorin

Birgit Ebbert

Umschlag- und Rahmenlayoutmotive

Hintergrundmuster: © paladin1212 – stock.adobe.com
Berliner Ballen: © Unbreakable – stock.adobe.com
Buch-Icon: © ksenvitaln – Shutterstock.com

Fotos im Innenteil

siehe Bildnachweis auf Seite 127

Gestaltung, Layout, Satz

ebene N, Mülheim an der Ruhr

Druck

AZ Druck und Datentechnik GmbH, Kempten, DE

Verlag an der Ruhr
Mülheim an der Ruhr
www.verlagruhr.de

ISBN 978-3-8346-4387-2

INHALTSVERZEICHNIS

4 **Vorwort**

6 **Über die Reihe**

7 Flöhe tragen keine Dirndl

14 Das erste Auto

20 Knöpfe für den Schneemann

27 Die Heiratsannonce

33 Der Schneider und der Zimmermann

40 Schützenfest

46 Ein Stelldichein an der Bank

52 Zum Telefon bei Tante Emma

58 Abrakadabra Simsalabim

64 Das ist doch Quatsch!

70 Ein ganz besonderes Geschenk

76 Sonst hat keiner Fernsehen

83 Aber bitte mit Marmelade!

89 Streiche im Zoo

95 Meine Bank, mein Schloss, mein Modell

101 Was liegt denn da im Teich?

107 Märchenhafter Klassenausflug

114 Der Sonntagshut

121 Friedensfahrt

VORWORT

Liebe Vorlesende*, liebe Zuhörende,

Geschichten sind ein Tor zur Erinnerung. Für mich zumindest. Manchmal muss nur ein Wort fallen und schon fühle ich mich zurückversetzt in eine andere Zeit. Meist sind es Erlebnisse oder Geschichten, die ich gelesen oder gehört habe, an die ich denke und fast immer muss ich schmunzeln, wenn ich mich erinnere.
Ich hoffe, dass meine Geschichten auch für Sie zu Toren zur Erinnerung werden. Manche sind in einer Zeit angesiedelt, als es weder Handy noch Internet gab und die gesellschaftlichen Regeln und die entsprechende Kontrolle sehr viel klarer waren als heute. Andere Erzählungen spielen außerhalb der Zeit, in ihnen sind nur die Beziehungen oder der Austausch der Menschen wichtig und es ist egal, wie alt jemand ist, solange er oder sie dem Leben mit Neugier und Humor begegnet.

* Der Verlag an der Ruhr legt großen Wert auf eine geschlechtergerechte und inklusive Sprache. Daher nutzen wir das Gendersternchen, um sowohl männliche und weibliche als auch nichtbinäre Geschlechtsidentitäten einzuschließen. Alternativ verwenden wir neutrale Formulierungen.
In den Geschichten in diesem Buch verzichten wir dennoch auf das Gendern. Dies ist eine Einzelfallentscheidung aus didaktischen Gründen und ist in keinem Fall ausschließend oder diskriminierend zu verstehen.

Im Mittelpunkt steht aber immer das alltägliche Leben, das beim Lesen und Zuhören zum Schmunzeln einlädt und dazu, sich an ähnliche Ereignisse und Begegnungen zu erinnern und von ihnen zu erzählen.
In die Geschichten habe ich eigene Erlebnisse eingebaut sowie Alltagsabenteuer von Menschen, die mir begegnet sind.
Im Anschluss an die Geschichten finden Sie Fragen und Aktivierungsideen, die Ihnen beim Vorlesen biografische Gesprächseinstiege erleichtern und Senior*innen und Menschen mit Demenz zum Mitmachen und zu gemeinsamen Aktionen animieren.
Ich wünsche Ihnen so viel Freude beim Vorlesen der Geschichten, wie ich sie beim Schreiben erfahren habe.

Ihre Birgit Ebbert

ÜBER DIE REIHE

Mit den **„5-Minuten-Schmunzelgeschichten für Senior*innen“** ist gute Laune garantiert: Das bunte Potpourri an humoristischen Anekdoten lädt zum Vorlesen und fröhlichen Plaudern, zum gemeinsamen Spaßhaben und herzhaften Lachen ein und ermöglicht allen Senior*innen ein vergnügliches Vorleseerlebnis.

Die kurzen, pointierten Geschichten in großer Schrift knüpfen humorvoll an das frühere, vertraute Alltagsgeschehen an. Einfache, klare Formulierungen machen die Geschichten leicht zugänglich und wecken Erinnerungen an eigene lustige Erlebnisse, die ein Lächeln ins Gesicht zaubern.

Passend zu den Geschichten bekommen Sie **biografische Anschlussfragen** zum gemeinsamen Austausch an die Hand sowie **kleine Aktivierungsideen**, die zusätzlich für gute Stimmung sorgen – zum Anknüpfen und Vertiefen.

FLÖHE TRAGEN KEINE DIRNDL

Einmal im Jahr treffen sich Arno und seine Schulfreunde Bernhard und Xaver auf dem Oktoberfest in München.

„Wisst ihr, dass wir in diesem Jahr goldenes Jubiläum haben?", empfängt Arno die beiden Freunde im Bierzelt. „Seit 50 Jahren treffen wir uns jedes Jahr hier."

„Ich kann nicht glauben, dass meine Lehrzeit so lange her ist." Bernhard schüttelt ungläubig den Kopf.

„Naja, es ist schon lange her, seit wir knackigen Mädchen nachgeschaut haben“, scherzt Xaver. „Heute gucken die Mädchen uns knackenden Männern nach.“ Dabei lässt er die Finger an seiner rechten Hand knacken.

„Zum Jubiläum sollten wir etwas Besonderes unternehmen“, findet Arno und streift mit der Hand über seinen mit Federn besetzten Filzhut.

„Mich kriegst du nicht in eine Achterbahn oder so ein schnelles Teil“, wehrt Bernhard gleich ab.

„Ich wollte schon immer gerne mit dem historischen Kinderkarussell auf der alten Wiesn fahren“, schlägt Xaver vor.

Bernhard tut so, als würde er Xaver in den Bauch boxen. „Wer seine Füße unter dem Bauch nicht sehen kann, darf da nicht rein!“

Xaver lacht. „Na, du mit deinen zwei Metern Länge bestimmt auch nicht.“

„Ich dachte eher an den Flohzirkus“, erklärt Arno. „Jetzt mal ehrlich: In den letzten 50 Jahren haben wir außer den mit Bier gefüllten Maßkrügen und den hübschen Kellnerinnen im Dirndl nicht viel vom Oktoberfest gesehen.“

„Stimmt, wir sollten endlich mal einen Rundgang machen und wenigstens gebrannte Mandeln kaufen“, findet Xaver.

„Hey, Arno, du hast nicht Recht. Wir haben auch jedes Mal etwas gegessen. Eine Bratwurst oder Schweinshaxe“, erinnert Bernhard. „Habt ihr auch schon Hunger?“

„Nee, Durst.“ Xaver wedelt als Antwort mit seinem leeren Krug.

„Ich bin dafür, dass wir vor dem nächsten Bier eine Runde über den Markt gehen“, meint Arno.

„Also gut, du gibst ja doch keine Ruhe“, sagt Bernhard und trinkt seinen Maßkrug leer.

„Tragen Flöhe eigentlich Dirndl?“, grübelt Xaver, als sie von Stand zu Stand über das Oktoberfest bummeln.

„Das kannst du gleich den Zirkusdirektor fragen.“ Arno zeigt auf einen roten Wagen. Aus dem Kassenhäuschen in der Mitte lächelt sie ein bärtiger Mann mit rotem Zylinder an.

„Mich juckt es jetzt schon.“ Bernhard kratzt sich.

„Gibt es Käfige, die klein genug sind für Flöhe?“, fragt sich Xaver.

Der Mann im Kassenhäuschen lacht. Er zeigt auf ein Holzkästchen. „Das ist mein Flohkäfig!"

„Dann sind es wohl nicht die Flöhe, die dein Jucken verursachen, Bernhard", sagt Xaver.

„Auf jeden Fall sind es nicht meine, die halten gerade ihren Mittagsschlaf", mischt sich der Zirkusdirektor ein. „In 15 Minuten ist die nächste Vorstellung."

„Kommt, die gucken wir uns an." Inzwischen ist auch Xaver Feuer und Flamme für die Idee, den Flohzirkus zu besuchen.

Bernhard kratzt sich zwar noch bedenklich am Rücken, aber die anderen haben ihn überstimmt.

15 Minuten später sitzen die drei Freunde mit weiteren Besuchern auf den Holzbänken im Inneren des Wagens. Bernhard und Xaver in der zweiten Reihe. Arno hinter ihnen.

„Ich habe das schon einmal gesehen", verrät Arno mit einem Grinsen im Gesicht.

Der Zirkusdirektor steht hinter einem Tisch, auf dem ein Fußballtor und andere winzige Dinge aufgebaut sind.

Er erzählt, wie er die Flöhe dressiert und weshalb nur weibliche Flöhe bei ihm eingesetzt werden.

Dann reicht er eine große Lupe und einen kleinen Metallständer herum.

„Da können Sie sich den Floh ansehen“, erklärt er.

Als die Lupe und der Floh bei Bernhard ankommen, juckt es in seinem Nacken. Doch er hat keine Hand frei, um sich zu kratzen.

Schnell gibt er Floh und Lupe an Xaver weiter. Er kratzt sich im Nacken und hat das Gefühl, dass dort ein Floh sitzt.

„Sie haben aber keine Flöhe rausgelassen, oder?“, unterbricht er die Erklärungen des Zirkusdirektors.

„Meine Flöhe sind angebunden“, wiederholt dieser und hebt einen Floh hoch. „Das ist Gerdi, unser Fußballstar.“

Die Zuschauer beobachten, wie Gerdi einen Ball in das winzige Tor schießt.

Nur Xaver kratzt sich am Ohr und im Nacken, am anderen Ohr und wieder im Nacken.

Wenn er seine Hand still hält, fängt Bernhard an. Immer juckt es an Nacken oder Ohr, dort, wo keine Kleidung ist.

Die übrigen Zuschauer hingegen verfolgen die Vorstellung ungerührt und ohne sich zu kratzen.

Sie sehen, wie Flöhe Kutschen ziehen und im Tutu tanzen. Es ist wirklich ein lustiges Spektakel.

„Flöhe tragen keine Dirndl!", flüstert Bernhard. Er dreht sich zu Arno um und traut seinen Augen nicht.

Arno hat eine weiße Feder von seinem Hut gezogen und kitzelt Xaver damit im Nacken.

„Nie wieder Flohzirkus", zischt Xaver in dem Augenblick und kratzt sich den Nacken.

Bernhard lässt Arno nicht mehr aus den Augen, bis der Zirkusdirektor sich verabschiedet und ihnen einen schönen Aufenthalt auf dem Oktoberfest wünscht.

„Da hast du uns schön reingelegt", sagt Bernhard dann und erzählt Xaver von Arnos Streich.

„Na, warte", droht Xaver. „Die Rache wird hart sein. Aber erst einmal musst du uns eine Maß ausgeben als Entschädigung."

Der Spaß ist Arno sogar zwei Runden Bier wert. Trotzdem wird er im nächsten Jahr auf der Hut sein, was seine Freunde sich ausdenken.

LASSEN SIE ERZÄHLEN

- *Waren Sie schon auf dem Oktoberfest oder auf einem anderen Jahrmarkt? Was hat Ihnen dort besonders gefallen?*
- *Haben Sie schon einmal einen Flohzirkus besucht? Wie war das?*
- *Was essen Sie auf einem Jahrmarkt am liebsten?*
- *Welche Erinnerungen haben Sie an Jahrmarktbesuche während Ihrer Schulzeit?*

WAS SIE NOCH TUN KÖNNEN

Bieten Sie den Zuhörenden haptische Erfahrungen mit verschiedenen Gegenständen an. Geben Sie ihnen bspw. eine bunte Feder aus dem Bastelbedarf, einen weichen Stoffball oder einen etwas robusteren Massageball in die Hand. Die Senior*innen ertasten und beschreiben, nach Möglichkeit mit geschlossenen Augen, die Gegenstände und deren Struktur.

DAS ERSTE AUTO

„Bis gleich!“, ruft Irmgard ihrem Mann Kuno zu.

Kuno steigt auf den Beifahrersitz des Goggomobils, mit dem der Nachbar ihn zum Autohaus bringt.

Es ist so weit. Das Auto, für das sie viele Jahre gespart haben, ist bezahlt und kann abgeholt werden.

„Schade, dass nur einer in deinem Goggo mitfahren kann“, sagt Kuno mit Bedauern. So muss Irmgard zu Hause bleiben.

„Aber wenn wir unseren Käfer haben, dann können wir euch auch mal fahren, wenn etwas ist. Bei uns passen vier Leute rein", verkündet Kuno seinem Nachbarn. Er rutscht aufgeregt auf seinem Sitz hin und her.

Da kommt das Autohaus in Sicht. Der Nachbar hält. Kuno öffnet die Beifahrertür.

„Viel Erfolg!", wünscht der Nachbar noch, da steht auch schon der Verkäufer neben Kuno.

„Das ist Ihr neues Auto!" Der Verkäufer zeigt auf den dunkelgrünen Käfer im Hof.

Ehrfürchtig steht Kuno vor dem Fahrzeug. Schade, dass Irmgard nicht dabei sein kann.

„Wollen Sie sich reinsetzen?", erkundigt sich der Verkäufer. „Ich erkläre Ihnen alles."

Das lässt sich Kuno nicht zweimal sagen. Er öffnet die Fahrertür und streift seine Schuhe auf dem Betonboden vor dem Auto ab.

Mit dem Hinterteil lässt er sich auf den Sitz plumpsen und zieht die Beine nach.

„Gas, Bremse, Kupplung, kennen Sie ja", meint der Verkäufer. Er zeigt Kuno, wie er blinken und das Licht einschalten kann. Er verweist auf den Hebel für den Scheibenwischer und stellt den Spiegel ein.

„Die Gänge kriegen Sie hin, oder?“ Der Verkäufer sieht ungeduldig auf die Uhr, weil Kuno immer wieder etwas nachfragt.

„Klar, das ist doch nicht das erste Auto, das ich fahre“, erklärt Kuno großspurig.

Er verabschiedet den Verkäufer, der mit eiligen Schritten ins Autohaus läuft.

Vorsichtig legt Kuno den ersten Gang ein. Er lässt die Kupplung kommen und gibt etwas Gas, wie er es in der Fahrschule gelernt hat.

Wie schön das Auto rollt. Stolz fährt er es nach Hause, um es Irmgard zu zeigen.

„Da bist du ja“, empfängt ihn Irmgard, als Kuno das Auto auf den freien Platz vor das Haus fährt. „Ich dachte, wir fahren direkt zu Bauer Möllmann, um Kartoffeln zu holen.“

Kuno ist das recht. Hauptsache, er kann noch ein bisschen mit dem schönen, neuen Auto fahren.

Irmgard öffnet die Beifahrertür und klettert auf den Beifahrersitz.

„Das riecht so neu“, findet sie. „Komm, fahr los.“

Kuno stutzt. Er schaut den Schalthebel an. „Wo zum Teufel ist der Rückwärtsgang?“, denkt er.

Er lässt sich nichts anmerken. „Guck mal, hier ist der Blinker", sagt er und erklärt Irmgard eine Funktion nach der anderen. Dabei versucht er, auf dem Schalthebel zu entschlüsseln, wo sich der Rückwärtsgang befindet.

Schließlich hat er es geschafft, ohne dass Irmgard etwas mitbekommen hat.

Vergnügt fährt er zum Bauern im Nachbarort und fachsimpelt mit ihm über das Auto.

Der Knecht holt derweilen die Kartoffeln, die Irmgard für den Winter einkellern möchte.

Irmgard und der Knecht stehen erwartungsfroh vor dem hinteren Teil des Autos.

„Mach den Kofferraum auf", bittet Irmgard.

Kuno wird blass. Der Verkäufer hat ihm nicht gezeigt, wie das geht. Trotzdem stellt er sich mit dem Bauern hinter das Auto und sieht erleichtert das Schloss in der Klappe.

Souverän schiebt er den Schlüssel ins Schloss.

„So ein Kofferraum ist doch etwas Schönes", findet er und öffnet die Klappe.

Der Bauer lacht! Der Knecht grinst. Irmgard starrt Kuno fassungslos an und Kuno guckt verdutzt auf das, was sich unter der Klappe befindet.

„Äh, hast du ein Auto ohne Kofferraum gekauft?" Irmgards Stimme zittert.

„Was für einen Mist hat der Verkäufer mir denn da verkauft?" Kuno wirft die Klappe so kräftig zu, dass das Auto wackelt.

In dem Augenblick kommt ein Kunde mit einem grauen Käfer auf den Hof.

Die vier sehen zu, wie er die Klappe vor der Windschutzscheibe öffnet und einen Weidenkorb herausnimmt.

„Ich brauche einen Korb voll Kartoffeln", ruft er von Weitem.

Der Bauer geht auf den Mann zu. Der Knecht fährt die Karre mit dem Kartoffelsack ums Auto. Kuno schließt die vordere Klappe auf und Irmgard lehnt sich gegen das Auto. Von dem Schreck muss sie sich erst einmal erholen. Wer ahnt denn, dass der Kofferraum beim VW Käfer vorne ist statt hinten!

LASSEN SIE ERZÄHLEN

- *Haben Sie je ein Auto besessen? Welches Fahrzeug war das? Wohin führte Ihre erste Autofahrt?*
- *Welches war Ihr verrücktestes Autofahrerlebnis?*
- *War es in Ihrer Familie üblich, Kartoffeln einzukellern? Wie lief das ab?*
- *An welches Erlebnis auf einem Bauernhof erinnern Sie sich besonders gerne?*

WAS SIE NOCH TUN KÖNNEN

Unternehmen Sie gemeinsam mit den Zuhörer*innen eine Autofahrt. Alle setzen sich gerade hin und halten die Hände vor die Brust, als hielten sie ein Steuerrad. Da geht es schon los!

„Wir lassen zunächst den Motor an!" –
mit der rechten Hand betätigen alle den Anlasser.
„Dann geben wir vorsichtig Gas!" –
der rechte Fuß hebt und senkt sich.
„Nun biegen wir nach links ab!" –
der Oberkörper und die Hände gehen nach links.
„Es geht weiter geradeaus!" –
der Oberkörper kehrt in die Ursprungsposition zurück usw.

KNÖPFE FÜR DEN SCHNEEMANN

Wilma hat Besuch von ihrer Enkelin Luise. Den ganzen Vormittag spielen sie Mensch ärgere Dich nicht und Mau-Mau, Verstecken und Fangen.

„Nun muss ich mich um das Mittagessen kümmern“, sagt Wilma irgendwann. Eigentlich ist das Mittagessen fertig: Möhreneintopf, Luises Lieblingsspeise. Aber Wilma braucht Ruhe, denn Luise redet ununterbrochen.

„Darf ich basteln, Oma?“, fragt Luise.

„Gerne“, antwortet Wilma erleichtert. Wenn Luise bastelt, vergisst sie die Welt um sich her und stellt keine Fragen.

„In der Schublade sind Papier, Schere und Klebstoff, ich bin gespannt, was du zauberst“, ermuntert Wilma ihre Enkelin.

Wilma geht in die Küche. Sie setzt sich auf einen Stuhl und schaut den Meisen vor dem Fenster beim Fressen zu.

Luise kramt in der Schublade.

„Ich bastle einen Schneemann“, ruft sie.

Luise nimmt ein schwarzes Papier aus der Schublade.

„Darf ich das schwarze Papier haben? Das wird die Nacht, Oma“, möchte sie wissen.

„Nimm nur, was du brauchst!“, antwortet Wilma aus der Küche. „Du musst nicht jedes Mal fragen.“

Luise legt das schwarze Papier auf den Tisch. Aus weißem Papier schneidet sie vier Kreise. Richtig rund sind sie nicht, aber Kopf, Bauch und Arme eines Schneemanns kann man erkennen. Erst recht, nachdem Luise den großen Kreis unten, den mittleren als Kopf darauf und die ganz kleinen als Arme aufgeklebt hat. Stolz betrachtet sie ihr Kunstwerk.

„Der Schneemann hat schon einen Kopf und Arme", beschreibt Luise ihrer Oma das halb fertige Bild.

„Ich brauche einen Topf als Hut", stellt Luise fest.

Wilma geht nicht darauf ein, sie genießt die Ruhe in der Küche. Der Möhreneintopf duftet und die Meisen streiten sich vor dem Fenster um den besten Platz am Knödel.

Luise kramt in der Schublade. Da ist ein kleines Stück Papier, blau zwar und nicht schwarz wie ein Topf. Aber bei ihrer Freundin hat sie einen blauen Topf gesehen.

Luise schneidet einen Hut aus dem Papier.

Lachend läuft sie damit in die Küche.

„Oma, guck mal, das sieht aus wie eine Schlange, die einen Elefanten gegessen hat. Das habe ich in einem Buch gesehen", erzählt sie.

„Schön", sagt Wilma. „Bastle ruhig weiter. Ich freue mich auf deinen Schneemann."

Luise klebt den Hut auf den Schneemannkopf. In der Schublade entdeckt sie ein Stück Filz in orange.

„Oma, darf ich das orange hier?"

Wilma seufzt, als Luise schon wieder in der Küche auftaucht. Sie liebt ihre Enkelin, aber ein ganzer Vormittag mit ihr ist sehr lang.

„Schätzchen, du musst nicht jedes Mal fragen, nimm dir einfach, was du brauchst!", wiederholt sie.

Luise kehrt an den Tisch zurück und klebt eine orange Nase auf den Schneemann.

Sie kramt in der Schublade.

„Was nehme ich als Kohle für die Knöpfe?", fragt sie.

Wilma antwortet nicht. Das Schauspiel der Meisen ist so angenehm ruhig.

Luise nimmt jedes Teil aus der Schublade. Kein schwarzes Papier, kein schwarzer Stoff, nichts, aber auch gar nichts, was sich für Kohleknöpfe eignet.

Sie setzt sich auf die Couch und denkt nach. Die Knöpfe an ihrer Jacke sind zu groß. Vielleicht hängt an der Garderobe im Flur eine Jacke mit kleinen, schwarzen Knöpfen.

Luise öffnet die Tür zum Flur. An den Garderobenhaken hängen nur Jacken und Mäntel mit großen Knöpfen.

Ihr Blick fällt auf die Schirme, die unter den Jacken in einer großen, alten Milchkanne stehen.

Einer der Schirme ist weiß mit kleinen, schwarzen Punkten. Die Punkte passen genau zu ihrem Schneemann.

„Oma, darf ich die Punkte ausschneiden?", ruft Luise.

„Nimm dir, was du brauchst", ruft Wilma zurück.

Luise zerrt den Schirm aus dem Schirmständer ins Wohnzimmer.

Sie braucht ja nur zwei Punkte für die Augen, drei für den Mund und drei für den Bauch. Es ist nicht leicht, die Punkte zwischen den Drähten des Schirms auszuschneiden.

Aber Luise kann gut ausschneiden. Bald ist sie fertig. Sie klebt die Punkte auf den Schneemann.

Mit dem Bild läuft sie in die Küche. „Guck mal, Oma!"

Wilma ist ehrlich begeistert von dem Werk ihrer Enkelin. „Das hänge ich mir in der Küche auf", verspricht sie. „Räum schnell alles weg, wir können gleich essen."

Luise stellt den Schirm zurück und legt die anderen Sachen wieder in die Schublade.

Wilma deckt den Tisch.

„Nach dem Essen können wir eine Runde spazieren gehen", erklärt sie ihrer Enkelin.

Luise nickt, sie hat schon Möhrengemüse im Mund.

„Mhm! Lecker!“, findet sie zwischen zwei Gabelladungen des köstlichen Gemüses.

„Wir räumen später alles weg“, sagt Wilma nach dem Essen. „Wenn wir jetzt gleich spazieren gehen, schaffen wir es noch vor dem Regen.“

Luise zieht ihren Anorak an, Wilma ihre Winterjacke. Sie klemmt sich ihren Pünktchenschirm unter den Arm.

Kaum sind die beiden am Ende der Straße, fallen schon die ersten Tropfen.

Wilma spannt den Schirm auf.

„Was ist das denn?“ Sie starrt auf die kleinen Löcher im Schirm, die den Regen durchlassen.

„Die Punkte brauchte ich für den Schneemann“, erklärt Luise. „Da sind doch noch genug.“

Wilma stockt kurz, dann lacht sie und schließt den Schirm. „Regen ist gesund.“

Trotzdem ist sie froh, dass es nur wenige Tropfen regnet. Irgendwann muss sie Luise erklären, dass die Idee mit den Punkten nicht gut ist. Aber nicht jetzt, wo die Sonne herauskommt und die Vögel vor dem Vogelhaus zwitschern.

LASSEN SIE ERZÄHLEN

- *Wie sieht Ihr Schirm aus?*
- *Welche Erlebnisse verbinden Sie mit einem Regen- oder Sonnenschirm?*
- *An welche Schneemänner erinnern Sie sich? (aus Schnee, aus Papier, aus Zuckerguss ...)*
- *Was war Ihre Lieblingsspeise als Kind? Und was essen Sie heute gerne?*
- *Haben Sie Enkelkinder? Was unternehmen Sie mit ihnen oder mit anderen Kindern?*
- *Füttern Sie im Winter Vögel? Welche Vögel kommen an Ihr Fenster oder auf Ihren Balkon?*

WAS SIE NOCH TUN KÖNNEN

Basteln Sie mit den Zuhörer*innen einen Schneemann aus Zeitungspapier. Reißen oder schneiden Sie gemeinsam einen großen, einen mittleren und einen kleinen Kreis aus dem Papier. Setzen Sie sie zu einem Schneemann zusammen und malen Sie mit einem Filzstift Gesicht und Knöpfe auf. Falls Sie mehr Papier zur Verfügung haben, können Sie auch eine Nase und einen Besen basteln lassen.

Die Heiratsannonce

Der „Goldene Ochse“ ist ein beliebter Treffpunkt für die Menschen im Ort. In der Schankstube sitzen immer ein, zwei oder mehr Männer an der Theke. In der Gaststube treffen sich Frauen zum Kaffeetrinken, Familien für Familienfeiern und Paare, die sich bei einem Bier oder Wein etwas erzählen möchten.

Das Schöne an der Gaststube ist nämlich, dass die Tische durch Wände voneinander abgetrennt sind.

Da schaut nicht ständig ein neugieriger Nachbar auf den Teller. Und niemand bekommt mit, wenn sich die Hände der Paare liebevoll umfassen.

Diesen Ort hat Walter ausgewählt, um sich zum ersten Mal mit der Frau seines Herzens zu treffen.

Seit Wochen schreiben sie sich Briefe.

Seit Wochen bittet er sie um ein Bild von sich.

Seit Wochen freut er sich darauf, sie kennenzulernen. Bisher weiß er von ihr nur, was in der Heiratsanzeige stand und was sie ihm geschrieben hat.

Leonore! Schon beim Gedanken an die Frau hüpft Walters Herz.

Suchend blickt Walter sich in der Gaststube um. Er ist extra früh gekommen, damit sie nicht warten muss.

Walter geht an den Nischen vorbei.

Er entdeckt seinen Kollegen Bernd mit einer Frau. Zwischen Bernd und der Frau liegt eine rote Rose.

Eine rote Rose! Das ist das Erkennungszeichen, das er mit Leonore vereinbart hat.

Walter schaut die Frau an und deutet mit dem Kopf auf die rote Rose in der Brusttasche seines Jacketts.

Die Frau reagiert nicht.

„Ist was?“, herrscht ihn Bernd an.

„Äh, nichts!"

Walter geht schnell weiter und hat die Runde bald beendet.

Leonore ist noch nicht da!

Erleichtert nimmt Walter in einer Nische weit weg von Bernd Platz. Er ist über 30 Minuten zu früh. Trotzdem nimmt er die Rose aus der Tasche und legt sie auf den Tisch.

Ehe er etwas bestellen kann, steht eine Frau mit einer roten Rose im Haar vor ihm.

Walter wundert sich. Leonore sieht anders aus, als er gedacht hatte. Und die Rose im Haar passt nicht zu dem, was sie geschrieben hat.

„Guten Tag!", begrüßt die Frau ihn und schiebt sich gleich auf die Bank gegenüber.

„Guten Tag!", sagt auch Walter zögerlich. Er kann schlecht direkt fragen, ob sie wirklich Leonore ist.

Erst einmal bestellt er für sie beide Kaffee und Kuchen.

„Wie schön, dass es endlich geklappt hat", eröffnet Walter das Gespräch.

„Ich freue mich auch, dass es so schnell ging."

Die Frau strahlt ihn an.

„Äh!“ Walter ist erstaunt. Sie schreiben sich seit Wochen und das Treffen hat sich immer wieder verzögert. Schnell ist das für ihn nicht. Aber wer weiß schon, was Frauen denken.

„Wie geht es Ihnen?“, fragt Walter.

„Gut, die Kleinen machen mir ein wenig Sorgen, aber das gibt sich“, antwortet die Frau.

Die Kleinen? Walter geht in Gedanken alle Briefe durch. In einem hat sie etwas über die Kaninchen ihres Vaters geschrieben. Das werden die Kleinen sein.

„Da drücke ich die Daumen“, meint Walter und überlegt, was er als Nächstes sagen soll.

Seltsam, in den Briefen hatten sie sich immer etwas zu sagen, aber hier fällt ihm nichts ein.

„Briefmarken sollen teurer werden“, sagt Walter und schüttelt über sich selbst den Kopf. Was für eine unsinnige Bemerkung!

„Mir macht das nichts, ich schreibe keine Briefe!“, findet die Frau.

„Aber wir haben uns doch geschrieben!“ Walter kneift die Augen zusammen.

„Ich und einen Brief schreiben?!“ Die Frau wirft sich gegen die Banklehne und lacht. „Nie im Leben.“

Walter sieht sich um und fragt sich, wie er aus der Situation herauskommen soll.

Am Eingang zur Gaststube bemerkt er eine Frau mit einer roten Rose. Genau so hat er sich Leonore vorgestellt.

Neben ihr steht ein weiterer Mann mit einer roten Rose.

Der Mann sagt etwas zu der Frau.

Walter steht auf und stürmt durch die Gaststube.

„Leonore!?", ruft er.

Die Frau am Eingang wendet sich ihm zu.

„Walter?", fragt sie.

Walter ist erleichtert. „Entschuldigung", sagt er zu dem Mann mit der roten Rose. „Ich glaube, die Dame da hinten wartet auf Sie. Sie können meinen Kaffee und Kuchen haben. Ich habe beides noch nicht angerührt."

Dann hakt er Leonore unter und verlässt mit ihr die Gaststube.

„Da waren mir zu viele rote Rosen", sagt er zu Leonore.

Sie lacht, als er ihr die Geschichte erzählt. Bei einem Eis im „Café zur roten Rose".

LASSEN SIE ERZÄHLEN

- *Haben Sie einmal auf eine Annonce geantwortet? (Heiratsannonce, Wohnungsanzeige, Stellenanzeige ...)*
- *Welches war oder ist Ihr Lieblingsgasthof? Wie war oder ist er eingerichtet?*
- *An welche Erlebnisse an Kneipentheken erinnern Sie sich besonders gerne? Mit wem haben Sie sich dort getroffen?*
- *Wo trafen sich junge Leute in Ihrer Jugendzeit?*

DER SCHNEIDER UND DER ZIMMERMANN

Otto und Hermann sind zwei Handwerksgesellen auf Wanderschaft.

Otto ist Schneider. Fragt ihn jemand, warum er Schneider geworden ist, sagt er: „Solange es Winter gibt, brauchen die Menschen Mäntel."

Hermann ist Zimmermann. Für ihn gibt es überall etwas zu tun. „Gebaut wird immer!", lautet sein Motto.

Beide kennen sich aus dem Gesellenverein.

Nun ist es wieder so weit. Hermann hat Arbeit in einem kleinen Ort im Schwarzwald gefunden. Otto zieht weiter.

„Hinterlass mir eine Spur, wohin du gehst“, bittet Hermann den Wanderkollegen. „Damit wir uns wiedertreffen.“

Otto macht sich alleine auf den Weg.

„Dieser Hermann hat Ideen“, sagt er an der ersten Weggabelung zu sich. „Wie soll ich hier eine Spur legen?“

Er nimmt seinen Stock von der Schulter. Am Stock hängt ein Tuch, das auf der Wanderschaft als Koffer dient.

Otto knotet das Tuch auf und betrachtet die wenigen Utensilien, die er bei sich trägt: Unterwäsche, Socken, eine Zahnbürste und das Päckchen Reis für den Notfall, das seine Mutter ihm mitgegeben hat.

Da ist auch die Schneiderkreide. Wie gut, dass er als Schneider die Kreide immer dabeihat. Damit kann er einen Pfeil auf den Asphalt malen. Was für eine geniale Idee!

Otto schnürt das Bündel, bindet es an den Stock und geht weiter.

An jeder Weggabelung malt er mit der Schneiderkreide einen Pfeil in die Richtung, in die er geht.

Endlich hat er den nächsten Ort erreicht.

Der Schneidermeister ist hoch erfreut, als Otto sich mit seinem Sprüchlein als Schneidergeselle vorstellt.

„Schön, dass mal ein Schneider kommt!“, sagt der Meister. „Ich sehe immer nur Schuster oder Schreiner, vielleicht einen Maler. Bei uns bist du willkommen.“

Der Schneider klopft auf den großen Tisch in der Werkstatt. Hier ist ein Platz für dich.

Otto lacht. Es ist lange her, dass ein Meister von ihm erwartet hat, auf dem Tisch im Schneidersitz zu nähen. Aber er kann es noch. Hier im tiefsten Schwarzwald ticken die Uhren wirklich anders.

Otto fühlt sich wohl bei dem Schneider, zumal dessen Frau sehr gut kochen kann.

Nach einigen Tagen fragt er sich: „Wo bleibt eigentlich Hermann?“

Sein Freund wollte längst unterwegs sein. Er sollte nur helfen, einen Dachstuhl zu setzen.

„Sicher hat das länger gedauert“, überlegt Otto laut.

Da hört er ein lautes Prasseln auf dem Dach. Es regnet in Strömen.

Seine Kreidepfeile kommen ihm in den Sinn.

„Wie soll Hermann mich finden, wenn der Regen die Pfeile wegwischt?“, grübelt Otto. Er muss eine neue Spur legen und hat auch schon eine Idee.

„Darf ich die Stoffreste haben, die da liegen?“, fragt Otto den Meister.

„Was willst du denn mit den Fetzen, nimm dir doch ein Stück Stoff, es ist genug da“, sagt der Meister.

„Die Fetzen sind genau richtig. Ich muss eine Spur legen“, erklärt Otto und erzählt von Hermann und ihrer gemeinsamen Wanderschaft.

„Dann nimm so viel du brauchst“, fordert der Meister. „Nicht, dass dein Freund woanders landet. Ich weiß, dass der Zimmerer nebenan händeringend Hilfe sucht.“

Das lässt Otto sich nicht zweimal sagen. Mit den Stoffresten unter dem Arm zieht er los.

Alle paar Meter bindet er an einen Baum oder Strauch einen Fetzen.

„Puh, das ist ganz schön weit bis zu der Gabelung, an der wir uns getrennt haben“, murmelt Otto.

Wenn die Straßengabelung nicht bald kommt, muss er umkehren. Es dämmert bereits.

In der Ferne sieht Otto einen Wandergesellen.

„Den frage ich, wie weit es noch ist“, beschließt er.

Aber der Wandergeselle geht sehr langsam. Bei jedem Schritt bleibt er stehen, geht in die Hocke und sucht zwischen dem Gras am Straßenrand.

Es ist schon fast dunkel, als Otto ihm begegnet.

Er traut seinen Augen nicht.

„Hermann!“, ruft er und fällt seinem Freund um den Hals. „Wo warst du so lange? Und was hast du im Gras gesucht?“

Auch Hermann strahlt vor Freude, weil er seinen Freund wiedergefunden hat.

„Es dauerte länger als geplant, den Dachstuhl zu setzen“, berichtet er. „Und dann habe ich deine Spur nicht gefunden.“

Otto nickt betrübt. „Ja, der Regen hat die Kreidepfeile weggewaschen.“

Hermann sieht Otto überrascht an. „Kreidepfeile habe ich nicht gesehen.“

Er blickt in das Gras am Straßenrand und hebt etwas kleines Weißes auf.

„Danach habe ich gesucht. Du bist echt ein Witzbold, Reiskörner als Spur zu legen. Wie soll ich die denn finden? Zum Glück sind sie durch den Regen aufgequollen und fallen im Gras auf, wenn man genau hinsieht."

Otto starrt seinen Freund an und lacht. „Und ich dachte, eine Maus hätte an dem Päckchen Reis meiner Mutter genagt. Dass mein Bündel ein Loch hatte, wusste ich ja. Das Loch war längst gestopft, muss aber wieder ein Stückchen aufgegangen sein. Sonst wären die Reiskörner ja nicht hinausgefallen."

Hermann hakt sich bei Otto unter. „Da siehst du mal, sogar Löcher haben manchmal einen Sinn."

LASSEN SIE ERZÄHLEN

- *Welchen Beruf haben Sie erlernt oder ausgeübt?*
- *War es in dem Beruf üblich, dass man nach dem Ende der Ausbildung auf Wanderschaft ging oder den Arbeitgeber wechselte? Wie haben Sie das erlebt?*
- *Sind Sie einmal Handwerksburschen auf der Wanderschaft oder Walz, wie man auch sagt, begegnet?*
- *An welches Märchen erinnert Sie die Geschichte? Mögen Sie es uns erzählen? (Hänsel und Gretel)*

SCHÜTZENFEST

Walburga sieht zum dritten Mal vom schön gedeckten Esszimmertisch auf die Wanduhr.

„Egon hat versprochen, um 13 Uhr zu Hause zu sein“, erklärt sie ihrer Mutter Roswitha.

Roswitha verzieht das Gesicht. Der Ausdruck sagt alles: Was will man von solch einem Schwiegersohn erwarten? Sie hat schon damit gerechnet, dass Egon nicht pünktlich zum Essen erscheinen wird.

„Ich habe dir vor 40 Jahren gesagt, nimm lieber den Theo, der ist Zahnarzt. Da hättest du ausgesorgt", sagt Roswitha dann.

Walburga seufzt. „Mama, Theo wohnt 500 Kilometer weit weg. Wäre dir das lieber gewesen?"

Mir schon, fügt sie in Gedanken hinzu. Manchmal ist ihre Mutter unausstehlich. Und ausgerechnet heute kommt Egon nicht pünktlich zum Essen.

„Als ob dein Egon je diesen dämlichen Holzvogel treffen könnte!", schnaubt Roswitha. „Lass uns jetzt essen!"

„Wir essen, wenn alle da sind", erklärt Walburga ihrer Mutter. „Ich hole ihn!"

Roswitha kann es nicht glauben. Ihre Tochter lässt sie alleine in der Wohnung sitzen. Das hat es noch nie gegeben!

Walburga geht mit schnellen Schritten zum Schützenplatz. Mit jedem Meter steigt ihre Wut auf ihren Mann. Er weiß genau, dass ihre Mutter ständig über ihn lästert.

Auf dem Schützenplatz erfährt sie, dass Krone und Zepter bereits gefallen sind. Nur der hölzerne Vogel auf der Schützenstange wackelt und wankt nicht.

Egon steht zwischen einigen anderen Schützen.

„Ein paar von den Männern sind schon zu Hause", berichtet Walburgas Freundin Elvira, die vom Rand des Platzes das Schießen beobachtet. „Stehen halt unter dem Pantoffel!"

Walburga beißt die Zähne zusammen. Sie will sich nicht nachsagen lassen, dass ihr Egon unter ihrem Pantoffel steht. Aber sie will auch nicht ohne Egon zurück nach Hause gehen. Das wird ihre Mutter ihr für den Rest des Lebens vorhalten.

„Und, wer schießt als Nächster?" Der Schießwart wedelt mit der Packung, in der die Munition aufbewahrt wird.

Die Männer halten sich zurück. So langsam geht ihnen das Geld aus.

„Die haben alle schon ordentlich bezahlt", verrät Elvira.

Jeder Versuch, auf den Vogel zu schießen, kostet zwei Mark. Da kommt einiges zusammen.

Walburga fragt sich, wie oft ihr Egon wohl geschossen hat. Sie beobachtet die Männer. Einer nach dem anderen lädt die Waffe durch. Die Menge hält den Atem an. Schuss! Nichts!

Walburga kommt es so vor, als grinse der Vogel sie von der Stange an. Ihre Wut, die etwas schwächer geworden war, wächst erneut.

Mit großen Schritten geht sie auf die Schützen zu.

„Lasst mich mal", meint sie und reißt dem Schießwart die Waffe aus der Hand.

„Du kannst doch gar nicht …", ruft Egon.

Ehe er „schießen" sagen kann, hat Walburga bereits den Hahn gespannt, den Vogel ins Visier genommen und geschossen.

Die Menge jubelt!

Walburga hat den Vogel getroffen und zu Fall gebracht.

Die Männer um sie herum sehen sich betreten an.

„Äh!", stammelt der Schießwart.

„Das geht nicht", murmelt Egon.

„Frauen dürfen bei uns nicht mitschießen", bemerkt einer der anderen Männer.

Die Leute am Rand jedoch rufen: „Wal-bur-ga! Wal-bur-ga!"

Sie hören nicht auf, bis der Schießwart sagt: „Wer den Vogel holt, wird Schützenkönig! Basta! Herzlichen Glückwunsch, Walburga!"

Die Männer heben Walburga hoch und tragen sie einmal um den Platz herum.

Walburga zittert am ganzen Körper. Das wollte sie nicht. Je mehr die Menschen jubeln und je lauter sie klatschen, umso besser gefällt ihr das.

Am meisten freut sie sich darauf, ihrer Mutter zu erklären, dass das Essen ausfällt. Sie weiß genau, was Roswitha sagen wird: „Schützenkönigin! Das ist doch nichts für Frauen. Hättest du lieber den Theo geheiratet! Da, wo der wohnt, gibt es so etwas nicht!"

Aber Theo hätte sich bestimmt nicht so mit Walburga gefreut wie Egon. Nachdem er den ersten Schreck überwunden hat, geht er stolz neben seiner Schützenkönigin her.

LASSEN SIE ERZÄHLEN

- *Kennen Sie die Tradition des Schützenfestes? Wie wird oder wurde es bei Ihnen gefeiert?*
- *Gab es auch Fahrgeschäfte? Welche waren das?*
- *Wie wird oder wurde die Königin bzw. der König ausgeschossen? (auf einen Vogel auf der Stange schießen, auf Scheiben schießen ...)*
- *Waren Sie einmal Schützenkönigin bzw. Schützenkönig? Erzählen Sie uns doch, wie das war.*
- *Gibt es für Sie eine Freizeitbeschäftigung, die nur Männern oder nur Frauen vorbehalten ist?*

Ein Stelldichein an der Bank

Lorenz und Angelika leben in einem kleinen Ort namens Burghausen. Der Ort ist wirklich sehr klein. Den meisten Platz im Ort nimmt die Kirche ein, die alle Einwohner sonntags aufsuchen. Gleich daneben gibt es einen Gasthof, in dem die Männer nach dem Gottesdienst ihren Frühschoppen abhalten. Die Frauen treffen sich dann kurz im Pfarrheim, um ein Schwätzchen zu halten. Das kleine Ladengeschäft hat am Sonntag geschlossen, das ist ja klar. Die Volksbank direkt neben dem Laden ebenfalls.

Viel los ist allerdings im Park. Im Winter fahren dort die Kinder Schlittschuh auf dem Teich. Im Sommer schlagen sie auf der Wiese ein Rad oder machen einen Purzelbaum.

An diesem Sonntag besucht Angelika den Gottesdienst alleine. Sonst ist sie immer mit ihrer Schwester dort, aber die ist verreist.

Lorenz sitzt vier Reihen hinter Angelika. Er bekommt von dem Gottesdienst nicht viel mit. Seine Augen hängen an Angelika.

Die Sonne scheint direkt auf ihr blondes Haar. Dadurch glitzert es wie das Haar eines Engels. Das Haar reicht gerade bis zum Kragen der hübschen, roten Jacke. Die Jacke passt sehr gut zu dem Haar, findet Lorenz.

Ein paar vorwitzige Nackenhärchen lugen über dem Kragen hervor.

Lorenz stellt sich vor, wie er Angelika im Nacken streichelt. Dabei kennt er Angelika gar nicht. Also nicht richtig. Nur vom Sehen in der Kirche.

Der Gottesdienst ist beendet. Angelika geht an Lorenz vorbei zur Tür.

Schnell steht Lorenz auf und hastet an ihr vorüber.

„Warten Sie, ich halte Ihnen die Tür auf!", sagt er aufgeregt.

Angelika lächelt ihn an. „Danke schön!"

Lorenz ist stumm vor Entzücken über das Lächeln. Dabei will er sie doch um ein Stelldichein bitten.

„Warten Sie!", ruft er ihr nach.

Angelika dreht sich um.

„Habe ich etwas verloren?", fragt sie.

„Nein, aber ich", sagt Lorenz. „Ich habe mein Herz an Sie verloren!"

Lorenz ist selbst erschrocken über seine Worte. Er wird rot.

Angelika schweigt zuerst. Dann lächelt sie. „Na, wenn das so ist. Dann sollten wir es gemeinsam suchen, was?"

Lorenz schnappt nach Luft. „Was soll das heißen? Will sie sich mit mir verabreden?", fragt er sich.

„Wir könnten uns an der Bank treffen", stammelt er.

„Eine gute Idee", findet Angelika. „Sagen wir um 16 Uhr?"

Lorenz nickt. Mehr kann er nicht sagen, weil sich seine Freunde um ihn scharen.

„Was stehst du hier? Komm mit zum Frühschoppen!“

Die Freunde haken ihn unter.

Lorenz kann Angelika nur noch anlächeln, dann ist sie aus seinem Blickfeld verschwunden.

Um 16 Uhr sitzt Lorenz auf der Bank im Park. Es gibt zum Glück nur eine Bank. Nicht auszudenken, wenn der Park größer und voller Bänke wäre.

Um 16.15 Uhr sitzt Lorenz noch immer alleine auf der Bank. Keine Spur von Angelika.

Auch um 16.30 Uhr taucht Angelika nicht auf.

Enttäuscht geht Lorenz am Teich vorbei auf den kleinen Dorfplatz.

Er traut seinen Augen nicht. Vor der Volksbank steht Angelika. Sie sieht enttäuscht aus und wendet sich zum Gehen.

„Angelika!“, ruft Lorenz.

Angelika sieht in seine Richtung.

„Haben Sie sich verspätet?“, erkundigt sie sich.

Lorenz schüttelt den Kopf und deutet Richtung Park. „Ich habe auf der Bank auf Sie gewartet.“

Angelika lacht. „Und ich habe vor der Bank auf Sie gewartet." Dabei zeigt sie auf das Volksbank-Gebäude.

Lorenz hält Angelika seinen Arm hin. Angelika hakt sich ein. Lachend drehen die beiden eine Runde durchs Dorf und erzählen sich Geschichten aus ihrem Leben.

„Aber die lustigste Geschichte ist die von heute", stellt Angelika fest, als sie auf der Bank im Park sitzen.

Das findet auch Lorenz, der nicht aufhören kann, Angelikas hübsches Gesicht anzusehen.

LASSEN SIE ERZÄHLEN

- *Wie sah es in dem Ort aus, in dem Sie als junger Mensch gelebt haben?*
- *Wie verlief ein typischer Sonntag bei Ihnen?*
- *Wo haben Sie Ihre erste große Liebe getroffen?*
- *An welche Missverständnisse mit Worten erinnern Sie sich?*
- *An welche Erlebnisse in einem Park denken Sie gerne zurück?*

Zum Telefon bei Tante Emma

Außer Atem bleibt Marlene vor einem Haus stehen. Sie liest die Klingelschilder. Das ist nicht leicht für eine Erstklässlerin wie Marlene.

Deshalb hält sie in ihrer Hand einen Zettel mit dem Namen, bei dem sie klingen muss. Ein großes B am Anfang, dann ein kleines L und ein kleines I. Die Buchstaben, die dann folgen, kennt Marlene noch nicht. Aber sie weiß, dass der Name „Blicker“ heißt.

Endlich hat sie das große B auf einem Klingelschild entdeckt. Sie drückt fest auf den Knopf daneben.

Es dauert ein paar Minuten, dann öffnet sich die Haustür.

„Telefon für Sie, Frau Blicker!“, sagt Marlene.

Sie wartet kurz. Manchmal bekommt sie einen Groschen oder ein Bonbon, weil sie extra vom Laden hergelaufen ist.

„Ich komme“, sagt Frau Blicker und zieht die Haustür hinter sich zu.

„Das ist bestimmt meine Tochter“, erzählt sie Marlene auf dem Weg zu dem kleinen Geschäft. „Die wohnt in München.“

Das will Marlene überhaupt nicht wissen. Sie hofft weiter auf ein kleines Geschenk als Dankeschön.

„Dann such dir einen Lutscher aus“, sagt Frau Blicker, als sie gemeinsam den kleinen Laden betreten.

Das lässt Marlene sich nicht zweimal sagen. Der Lutscher ist ein doppeltes Geschenk. Sie bekommt einen Lutscher und sie kann zuhören, was Frau Blicker am Telefon bespricht.

„Was?“ Frau Blicker reißt ungläubig die Augen auf und japst nach Luft.

Marlene sieht, dass Frau Blicker blass wird. Ihre Tante Johanna, die den Laden betreibt, bringt schnell einen Stuhl.

Frau Blicker setzt sich.

Marlene nimmt jeden Lutscher einmal in die Hand, um Zeit zu schinden. Sie will unbedingt wissen, was Frau Blicker so aufregt.

Das interessiert auch Marlenes Tante. Sie schichtet Konservendosen um, die eigentlich sehr gut gestapelt sind. Dann räumt sie die Äpfel von rechts nach links und die Birnen von links nach rechts.

„Wann denn?“, ruft Frau Blicker ins Telefon.

Marlene und ihre Tante horchen auf.

„Junge oder Mädchen?“, fragt Frau Blicker.

Marlene gibt auf. Sie nimmt einen Lutscher und geht raus spielen. Schade eigentlich, von ihrer anderen Tante bekommt sie für jede Neuigkeit einen Groschen. Die Tante arbeitet bei der Zeitung und manchmal denkt sie sich eine Geschichte zu Marlenes Nachrichten aus.

„Aber was soll das werden: Junge oder Mädchen?“, wiederholt Marlene Frau Blickers Worte und zuckt mit den Schultern. Da kann Marlene besser mit ihren Freundinnen spielen.

Johanna hingegen legt die Blätter an der Wursttheke schön gerade aufeinander. Sie rollt das Geschenkpapier neu auf und poliert die Schalen ihrer alten Waage.

„Dann eher blau", sagt Frau Blicker schließlich und verabschiedet sich von ihrer Tochter.

Johanna tut, als hätte sie von dem Gespräch nichts mitbekommen.

„Ist alles in Ordnung?", fragt sie.

„Jaja", sagt Frau Blicker. „Danke, dass ich telefonieren konnte."

Johanna kann nicht nachfragen, was denn war. Eine Kundin betritt den Laden.

„Ein halbes Kastenweißbrot", bestellt sie.

Während Johanna das Brot teilt und einpackt, sagt sie: „Du, ich glaube, die Ingeborg Blicker ist in anderen Umständen." Sie beugt sich über die Theke und erzählt flüsternd, was sie sich nach dem Telefonat zusammengereimt hat.

Als Johanna der Kundin das Brot über die Theke reicht, kommt Frau Blicker wieder.

„Ach, jetzt habe ich doch ganz vergessen, Servietten zu kaufen", sagt sie. „Meine Schwester kommt heute schon zu Besuch. Sie bringt das neue Kaffeeservice mit, das ich mir gewünscht habe. Mit blaugelbem Rand und auf dem Teller spielen Kinder. Jungen und Mädchen. Da passen blaue Servietten am besten."

Johanna wird rot. Sie schiebt die Servietten über die Theke, ohne die andere Kundin noch einmal anzusehen.

Das sind die Nachteile der modernen Technik, man bekommt nur noch die Hälfte von dem mit, was wichtig ist!

LASSEN SIE ERZÄHLEN

- *Wann haben Sie zum ersten Mal telefoniert? Und wann ein eigenes Telefon bekommen?*
- *Kennen Sie das, dass man nur im Geschäft, bei Nachbarinnen und Nachbarn oder in einer öffentlichen Telefonzelle telefonieren konnte? Erinnern Sie sich an lustige Begebenheiten? Erzählen Sie davon.*
- *Wofür haben Sie als Kind kleine Belohnungen von Eltern, Nachbarinnen und Nachbarn oder anderen bekommen?*
- *Wer war für das Geld in Ihrer Familie zuständig?*
- *Wofür haben Sie Ihr erstes Geld ausgegeben?*

ABRAKADABRA SIMSALABIM

„Na, kleiner Mann!“, begrüßt Horst seinen 7-jährigen Neffen Fridolin.

„Na, großer Mann!“, grüßt Fridolin und erntet damit schallendes Gelächter.

„Du bist mir einer!“, sagt Horst. „Aus dir wird sicher mal ein ganz großer!“

Dabei zieht Horst seine Geldbörse aus der Gesäßtasche. Er öffnet sie und sucht in dem Münzfach.

Eine Mark überreicht er Fridolin. „Die kannst du schon mal sparen für eine gute Ausbildung."

Fridolin strahlt. Eine Mark! Er denkt nicht an die Ausbildung. Eine Mark fehlt ihm für das tolle Spielzeugauto.

Horst folgt Fridolin ins Wohnzimmer, wo bereits die restliche Verwandtschaft sitzt. Tante Elli, Opa Hans, Oma Resi und natürlich Fridolins Eltern Marga und Anselm.

Horst klopft auf den Tisch. „Guten Tag, alle zusammen. Ich mach das mal so."

Die anderen nicken ihm zu und rücken enger aneinander, um Platz für ihn zu schaffen.

„Lasst nur", winkt Horst ab. „Ich muss erst mein Geld zurückholen."

Gespannt verfolgen die anderen, wie Horst neben Fridolins Ohr greift und auf einmal eine Münze in der Hand hält.

Fridolin staunt wie immer über die Zaubertricks seines Onkels. Geld zaubern, das möchte er auch können.

„Zeigst du mir, wie das geht?", fragt Fridolin.

Horst wiegt bedächtig den Kopf hin und her.

„Ich weiß nicht, du brauchst doch kein Geld. Unsereins muss Zigaretten kaufen und Geschenke für kleine Neffen. Aber du?“

„Ich könnte ein Geschenk für Mama kaufen von dem Geld. Oder für Oma. Oder Papa. Oder Opa. Oder Tante Elli. Oder dich“, begründet Fridolin seinen Wunsch.

Horst sieht in die Runde. „Na gut, wir probieren etwas aus. Zaubern muss man lernen wie Lesen und Schreiben. Wir fangen mit etwas Leichtem an.“

Fridolin sieht gespannt zu ihm auf.

„Ich habe dir gerade ein Markstück gegeben“, sagt Horst. „Das brauchen wir jetzt.“

Fridolin rückt das Markstück nur ungern wieder heraus. Davon will er das Auto kaufen. Andererseits kann er sich viele Autos kaufen, wenn er Geld aus Ohren zaubern kann.

Er holt das Geldstück aus seiner Hosentasche.

„Nun leg das Geldstück auf dein Handgelenk“, bittet Horst.

Fridolin tut, was sein Onkel ihm sagt.

Der Onkel streicht mit der Hand über Fridolins Handrücken. „Abrakadabra Simsalabim“, sagt er.

Dann hebt er die Hand. Und das Geldstück ist weg.

Horst greift in seine Tasche und holt ein Taschentuch heraus. Damit wischt er sich über die Stirn.

„Das war richtig anstrengend", sagt Horst. „Du hast Zauberkräfte und wolltest die Mark nicht loslassen."

Fridolin sieht unsicher in die Runde.

„Wo ist das Geld?", fragt er. „Du wolltest mir doch eigentlich zeigen, wie man Geld herbeizaubert, Onkel Horst! Du solltest es nicht wegzaubern." Seine Stimme klingt weinerlich. Eine Mark ist viel Geld für ihn.

„Geld wegzuzaubern ist ganz einfach", sagt Horst. „Du musst nur, wenn du über den Handrücken streichst, deine Handfläche zusammendrücken und darin das Geldstück wegnehmen."

Fridolin dreht Horsts rechte Hand um. Da ist kein Markstück. „Wo ist es denn?"

Horst tut überrascht. „Aber da müsste die Mark sein. So geht der Trick."

Fridolin kann nichts sagen. Seine Mark ist weg.

Da lacht Horst und greift in die Tasche seines Sakkos. Er zieht die Hand mit dem Markstück wieder hervor und reicht es Fridolin.

„Willst du es auch probieren?"

Fridolin nickt.

„Dann leg das Markstück auf meinen Handrücken“, sagt Horst.

„Nein, nein“, widerspricht Fridolin. „Das ist sicher wieder ein Trick. Du hast ja noch Geld.“

Die Erwachsenen lachen. „Da hast du deinen Meister gefunden, Horst.“

Horst lacht mit. Er holt ein weiteres Geldstück aus seiner Tasche und legt es auf seinen Handrücken.

Als Fridolin es schafft, das Geldstück unsichtbar wegzunehmen, darf er es behalten.

„Abrakadabra Simsalabim“, sagt er stolz.

Was für ein Tag! Fridolin überlegt, ob er statt des Autos lieber einen Zauberkasten kaufen soll!

LASSEN SIE ERZÄHLEN

- *Haben Sie einmal einen Zauberer oder eine Zauberin erlebt? An welche Tricks erinnern Sie sich?*
- *Wie verliefen Nachmittage mit Verwandtschaftsbesuch in Ihrer Familie?*
- *Hatten Sie ein Modellauto oder eine Modelleisenbahn? Womit haben Sie sonst gespielt?*
- *Haben Sie als Kind Taschengeld bekommen? Was haben Sie sich davon gekauft?*

DAS IST DOCH QUATSCH!

„Heute koche ich einmal für dich“, verkündet Ewald seiner Frau Heidelinde.

Heidelinde sieht ihren Mann überrascht an. Das ist ja etwas ganz Neues. Bisher konnte sie ihn kaum dazu überreden, sich selbst ein Spiegelei zu braten. Und nun das?

„Da bin ich gespannt“, sagt sie mit einem leicht spöttischen Unterton.

„Wart's nur ab." Ewald drängt seine Frau auf den Balkon. „Lies etwas Schönes oder schau dir den Himmel an."

Heidelinde hätte lieber ferngesehen. Aber sie will auch nicht miterleben, wie ihr Mann ihre Küche in ein Chaos verwandelt. Also lässt sie sich in den Liegestuhl fallen und beobachtet die weißen Wölkchen am Himmel.

„Daran könnte ich mich gewöhnen", sagt sie zu sich mit einem Lächeln im Gesicht.

„Das ist doch Quatsch", hört Heidelinde eine Stimme.

Sie sieht sich um. „Habe ich so laut gesprochen, dass Ewald es in der Küche gehört hat?", fragt sie sich.

Doch Ewald wirkt sehr vertieft in Schüsseln und Töpfe. „Was das für ein Essen werden mag?", überlegt Heidelinde weiter und legt sich wieder auf den Liegestuhl. Ihr Blick folgt einem Heißluftballon, der mit leisem Zischen vorbeischwebt.

„Vielleicht schenke ich Ewald zum Geburtstag eine Ballonfahrt", überlegt Heidelinde und spricht ihre Gedanken halblaut aus.

„Das ist doch Quatsch!", erklärt die Stimme, die Heidelinde schon zuvor ins Wort gefallen ist.

„Ewald?“ Heidelinde geht in die Wohnung. „Belauscht du mich heimlich?“

Statt einer Antwort wirft Ewald die Küchentür zu. „Nicht hereinkommen.“

Davon wird Heidelinde nicht schlauer. Aber da die Tür nun schon geschlossen ist, kann sie auch fernsehen.

Heidelinde ist ganz vertieft in ihre Lieblingssendung. Sie bemerkt nicht einmal, dass Ewald das Besteck auf den Tisch legt und Wein einschenkt.

Erst der Duft von Kräutern weckt ihre Aufmerksamkeit.

„Mhm! Was ist das denn?“, fragt Heidelinde und nimmt am Tisch Platz.

„Linguine Pesto“, ruft Ewald aus der Küche.

Gleichzeitig erklingt laut ein „Das ist doch Quatsch!“.

Ewald kommt aus der Küche und starrt Heidelinde an. „Wieso ist das Quatsch?“

Heidelinde starrt ihren Mann an. „Das habe ich doch gar nicht gesagt!“

„Ich habe es doch klar und deutlich gehört!“, widerspricht Ewald. Er stemmt mit verärgertem Blick die Hände in die Hüften.

Gerade als er wiederholen will, was er gehört hat, erklingt: „Das ist doch Quatsch!“

Keiner der beiden hat den Mund bewegt. Ewald und Heidelinde starren sich an.

„Hallo?“, ruft Ewald. „Ist da jemand?“

„Das ist doch Quatsch!“, bekommt er als Antwort.

Ewald holt einen Besen und geht mit Heidelinde auf den Balkon.

„Wir wohnen im vierten Stock. Da kann niemand heraufklettern“, gibt Heidelinde zu bedenken.

„Das ist doch Quatsch!“

Die beiden lachen. Wer auch immer da spricht, trifft genau die richtigen Momente.

„Hallo!“, ruft Heidelinde auf den Balkon. „Ist da jemand?“

„Lora! Lora! Das ist doch Quatsch! Lora!“, erklingt es von draußen.

Heidelinde und Ewald wagen sich auf ihren Balkon und lachen.

Auf dem Balkon des Nachbarn steht ein großer Käfig mit einem Papagei.

„Bitte entschuldigen Sie die Störung. Mein Chef ist verreist“, erklärt der Nachbar, als er Heidelinde und

Ewald an der Brüstung stehen sieht. „Er hat mich gebeten, seinen Papagei zu pflegen. Er hat aber nicht gesagt, dass der Vogel spricht."

„Und dazu noch sehr clever", findet Ewald. „Aber wenn er schon meine Nudeln madig macht, dann darf ich Sie vielleicht zum Essen einladen."

Kurz darauf sitzen Heidelinde, Ewald und der Nachbar am Tisch.

„Mhm, das sind Linguine mit Pesto", stellt der Nachbar fest.

„Das ist doch Quatsch", krächzt der Papagei vom Balkon.

Den Appetit und den Spaß kann er den dreien damit allerdings nicht verderben.

LASSEN SIE ERZÄHLEN

- *Kennen Sie das Gericht „Linguine mit Pesto"? Woraus besteht es? (Bandnudeln mit italienischer Kräutersoße)*
- *Welche Tiere gab es in Ihrem Umfeld?*
- *Haben Sie jemals einen sprechenden Papagei erlebt? Was hat er gesagt?*
- *Welches war das erste größere Gericht, das Sie kochen konnten?*
- *An welche Erlebnisse mit Nachbarinnen und Nachbarn erinnern Sie sich besonders gerne?*

Ein ganz besonderes Geschenk

Ingrid steht in der Gartenabteilung eines Baumarktes. Sie sucht ein ganz besonderes Geschenk für ihre Freundin Helga. Ein Geschenk, das richtig etwas hermacht. Wie ein Christusdorn oder eine Passionsblume. Aber die Namen klingen so religiös und mit Religion hat Helga nichts am Hut.

„Kann ich Ihnen helfen?“ Ein Verkäufer spricht Ingrid an.

„Ich weiß nicht, ich möchte eine Pflanze verschenken. Die soll aber besonders sein“, sagt Ingrid.

„Dann empfehle ich Ihnen eine Palme.“ Der Verkäufer zeigt in eine Ecke, in der viele hochgewachsene Grünpflanzen stehen.

Bei dem Wort „Palme“ hat Ingrid sofort einen Strand vor Augen mit weißem Sand, blaugrünem Meer und blauem Himmel. Was für ein Geschenk!

„Das ist eine gute Idee“, findet sie und steuert auf die Palmen zu.

„Bei einer Palme denken wir sofort an Sommer, Sonne und Kokosnüsse, oder?“, meint der Verkäufer, der hinter Ingrid herhastet.

„Ich liebe Kokosnüsse. Als ich klein war, konnte man auf dem Jahrmarkt Kokosstücke für ein paar Groschen kaufen“, schwärmt Ingrid. „Ja, eine Palme ist genau das passende Geschenk.“

„Können Sie uns helfen?“, ruft ein Paar in der Nähe den Verkäufer.

„Brauchen Sie mich noch?“, fragt der Verkäufer Ingrid.

„Danke, nein. Sie haben mir sehr geholfen“, sagt Ingrid und steht nun alleine vor den Palmen.

Sie wählt eine Palme mit einem kleinen Stamm und fiedrigen Blättern aus und geht zur Kasse.

Stolz trägt sie das Geschenk nach Hause. Ihre Freundin wird Augen machen.

Am nächsten Morgen steht Ingrid wie vereinbart zum Frühstück bei ihrer Freundin Helga vor der Tür.

Um die Palme hat sie eine ganze Rolle Geschenkpapier gewickelt.

„Herzlichen Glückwunsch zum Geburtstag", gratuliert Ingrid und drückt Helga das riesige, unförmige Paket in die Hand.

„Du musst es hinstellen", mahnt sie. „Nicht hinlegen."

Helga trägt das Riesengeschenk ins Haus. „Was ist das?"

Ingrid lächelt. „Pack es aus. Dann wirst du es sehen."

Das lässt sich Helga nicht zweimal sagen. Sie reißt das Papier oben ein und zieht es herunter.

„Eine Palme!", ruft sie.

„Das ist nicht irgendeine Palme, sondern eine Kokospalme. Weißt du noch, wie wir früher auf dem Jahrmarkt die Kokosstücke gegessen haben?", fragt Ingrid. „Die waren doch immer so lecker."

„Ja, die waren so schön frisch und knackig. Und die wachsen an der Palme?“ Helga sieht die Pflanze ungläubig an.

„Müsste sie dafür nicht größer sein? In Filmen sind Palmen immer dreimal so groß wie Menschen. Das weiß ich ganz genau.“

Ingrid verzieht das Gesicht. „Die wächst doch noch!“

„Irgendwie hat Helga Recht. Wie sollen an den dünnen Trieben Kokosnüsse hängen? Die brechen doch sofort ab“, überlegt auch Ingrid.

„Dann warten wir eben“, sagt Helga leichthin. „Jetzt gibt es erst einmal das versprochene Frühstück. Sieh nur, ich habe Brot gebacken und die Marmelade ist auch selbst eingekocht.“

Beim Frühstück vergisst Ingrid ihre Sorge über die Palme. Sie plaudert mit Helga über ihre gemeinsamen Jahrmarktbesuche in der Kindheit.

Gegen Mittag kommt Helgas Tochter kurz in ihrer Mittagspause vorbei.

„Miriam arbeitet bei der Polizei und ist dort für Drogen zuständig“, erzählt Helga stolz.

Ingrid ist beeindruckt. „Das ist eine wichtige Aufgabe.“

„Ja", sagt Miriam. „Wir klären die Bevölkerung auf. Sie können sich gar nicht vorstellen, wie viele Leute Hanfpflanzen in ihrer Wohnung haben."

„Was hat Hanf denn mit Drogen zu tun?", erkundigt sich Helga. „Ich kenne nur Hanfseile."

Miriam lacht. „So geht es den meisten. Aber daraus wird auch Haschisch gewonnen, das ist eine Droge."

„Die einzige Droge, die es bei mir gibt, ist Kaffee", scherzt Helga.

Ingrid stimmt in das Lachen ein. Dann stockt sie.

Miriam steht vor der schönen Kokospalme, die Ingrid Helga geschenkt hat.

„Das ist ja eine schöne Hanfpalme!"

Helga und Ingrid starren die Polizistin an.

„Äh, das ist eine Kokospalme", stammelt Ingrid.

„Nein, das ist eindeutig eine Hanfpalme", erklärt Miriam bestimmt.

Sie sieht die entsetzten Gesichter.

„Keine Sorge, die Hanfpalme hat mit dem Hanf für Drogen nichts zu tun."

Ingrid atmet erleichtert aus. Sie wollte zwar etwas Besonderes schenken, aber so besonders wie Hanf für Drogen sollte es auch nicht sein.

LASSEN SIE ERZÄHLEN

- *Welche Zimmerpflanzen mögen Sie?*
- *Haben Sie einmal selbst aus Stecklingen Pflanzen aufgezogen?*
- *Was war das außergewöhnlichste Geschenk, das Sie jemandem gemacht haben?*
- *An welche Geburtstagsfeier erinnern Sie sich besonders?*
- *Haben Sie selbst Brot gebacken oder Marmelade eingekocht? Erzählen Sie uns davon.*

WAS SIE NOCH TUN KÖNNEN

Spielen Sie mit Ihren Zuhörer*innen ein Memo-Spiel. Drucken Sie immer zwei gleiche Fotos verschiedener Blüten oder Pflanzen aus, kleben Sie diese auf dickere Pappe und schneiden Sie sie als gleich große Kärtchen zu. Zeigen Sie die Bilder zu Beginn in die Runde und besprechen Sie, um welche Pflanzen es sich handelt. Verteilen Sie die Kärtchen dann mit der einheitlichen Rückseite nach oben auf dem Tisch. Die Senior*innen versuchen nun, die Paare wiederzufinden.

Sonst hat keiner fernsehen

Ein Wagen hält vor einem Haus in der Goethestraße. „Radio und Fernseher", steht auf der Seite des Fahrzeugs.

Das weckt die Neugier der Passanten.

„Müllers kriegen einen Fernseher", tuschelt eine kleine Frau mit grauen Locken.

„Sie haben gesagt, wir dürfen bei ihnen fernsehen", verrät eine dunkelblonde Frau.

„Es hat doch sonst keiner Fernsehen, da ist das Nachbarschaftshilfe“, findet die Grauhaarige.

Die beiden staunen, als zwei Männer eine riesige Kiste aus dem Wagen hieven.

„Das Ding ist ja so groß wie ein Tisch“, wundert sich die grauhaarige Frau.

„Da ist viel Verpackung“, ruft einer der Männer.

Am liebsten würden die beiden Frauen den Männern folgen. Aber die eine will Milch holen, die andere zum Bäcker – die Neugier muss warten.

In der Wohnung von Familie Müller wird es eng, als die Männer mit der Kiste kommen.

„Huch, ich wusste nicht, dass das Gerät so groß ist!“, erschreckt sich Frau Müller. „So viel Platz haben wir nicht.“

Sie zeigt auf einen halbhohen Schrank an der Wand. „Wir haben extra neue Wohnzimmermöbel gekauft, damit der Fernsehschrank zur Vitrine passt.“

Die Männer sagen nichts. Sie kämpfen damit, die Kiste zwischen Wandschrank, Sessel und Couchtisch zu öffnen. Endlich ist das weiße Styropor zu sehen, mit dem der Fernseher umhüllt ist. Geschickt lösen die Männer den Schutzmantel und hieven das Gerät auf den Schrank. Sie schließen es an Strom und Zimmerantenne an und da strahlt auch schon das Testbild ins Wohnzimmer.

„Programm gibt's ab Mittag", erklärt einer der Männer. Er zeigt Frau Müller, wie sie den Fernseher bedienen kann, und lässt sich den Empfang des Geräts bestätigen.

Schließlich verschwindet er samt Karton und Styropor aus dem Wohnzimmer und der Wohnung.

„Da ist ja das gute Stück!" Herrn Müllers erster Weg führt ins Wohnzimmer, als er von der Arbeit nach Hause kommt. Er streichelt über den Fernseher.

„Dafür habe ich auch lange genug gearbeitet", findet er. „Sollen wir gleich nachschauen, was kommt?"

Frau Müller winkt mit einer Fernsehzeitschrift. „Heute Abend kommt ‚Was bin ich?' mit Robert Lembke. Davon habe ich schon gehört."

Rasch essen die beiden ihr Abendbrot. Dann ist es so weit. Im Fernsehen ist das Zeichen der „Tagesschau" zu sehen. 20 Uhr.

Da klingelt es an der Wohnungstür.

„Wer kann das um diese Zeit noch sein?", fragt Frau Müller und geht zur Tür.

Kurz darauf kommt Frau Müller zurück ins Wohnzimmer. Mit der grauhaarigen Frau und einem grauhaarigen Mann im Schlepptau.

„Sie haben uns eingeladen, bei Ihnen fernzusehen“, erklärt die Frau und zieht den Mann mit auf die Couch neben Herrn Müller.

Frau Müller sieht ihren Mann an und zieht die Schultern hoch. Gut, dass sie den Sekt noch nicht aus dem Kühlschrank geholt hat.

Kaum sitzt sie im Sessel, läutet die Klingel erneut.

„Lass mal, ich geh schon“, sagt Herr Müller.

Es dauert keine Minute, da steht er mit der dunkelblonden Frau und einem Mann im Wohnzimmer.

„Schön, dass der Fernseher endlich da ist“, meint die Frau und setzt sich auf den freien Platz auf der Couch. Ihr Mann sieht sich suchend um.

„Ich hole Stühle aus der Küche“, sagt Frau Müller.

Der vierte Besucher lässt sich in den Sessel fallen und verfolgt wie die anderen drei die Wettervorhersage in der „Tagesschau“.

Herr und Frau Müller stehen in der Küche.

„Was machen wir denn jetzt? Wir können die nicht rauswerfen?“, fragt Frau Müller.

Herr Müller lacht auf. „Da müssten wir die Polizei holen. Sonst werden wir die nicht los."

Die beiden sehen sich an. Frau Müller öffnet die Kühlschranktür und holt die kleine Sektflasche heraus. Die Sektgläser stehen zwar im Wohnzimmerschrank, aber in der Not schmeckt Sekt auch aus Wassergläsern.

„Dann feiern wir jetzt nur, dass der Fernseher angekommen ist", meint sie.

„Genau, und morgen feiern wir den ersten Fernsehabend", verspricht Herr Müller.

Er grinst. „Aber vorher baue ich in unsere Wohnungstür einen Spion ein, wie ihn die modernen Türen haben."

„Dann können wir sehen, wer vor der Tür steht, ehe wir sie öffnen."

Frau Müller stößt mit ihrem Mann an. Dann geht Herr Müller an den Sicherungskasten im Flur und schaltet kurz die Sicherung für das Wohnzimmer aus.

„Was ist das?", rufen die ungebetenen Besucher im Wohnzimmer.

„Man darf den Fernseher am ersten Tag nicht überanstrengen", erklärt Frau Müller ihnen.

„Dann kommen wir morgen wieder und bringen was zu trinken mit", kündigt der grauhaarige Mann an.

„Einen schönen Abend noch", wünscht Herr Müller.

Als alle weg sind, sitzen die Müllers auf der Couch und lachen über die Geschichte. Darüber vergessen sie ganz, den Fernseher einzuschalten.

LASSEN SIE ERZÄHLEN

- *Wann haben Sie zum ersten Mal ferngesehen?*
- *Wo war das?*
  (bei Nachbarinnen und Nachbarn oder Freundinnen und Freunden, im Schaufenster eines Geschäftes, in der eigenen Wohnung ...)
- *Welche Fernsehsendung sahen oder sehen Sie am liebsten?*
- *Mit welchem Getränk haben Sie früher ein besonderes Ereignis gefeiert?*
- *An welcher Stelle stand oder steht in Ihrem Wohnzimmer das Fernsehgerät?*

ABER BITTE MIT MARMELADE!

Edeltraud und Verena arbeiten als Hausmädchen in einem Hotel an der Ostsee. Sie kümmern sich darum, die Betten zu beziehen und die Zimmer zu reinigen. Jede hat ihren Bereich, aber es bleibt immer Zeit für ein kleines Gespräch auf dem Flur.

Edeltraud ist in Berlin aufgewachsen und Verena kommt aus dem Ruhrgebiet.

Die beiden haben sich viel zu erzählen, Edeltraud von der großen Stadt mit der Mauer, die den Ostteil und den Westteil trennt.

„Du kannst dir nicht vorstellen, wie schön das ist, über den Kurfürstendamm zu bummeln“, schwärmt Edeltraud heute. „Da war ich schon so lange nicht mehr.“

Verena erzählt von dem Dunst und Geruch, der immer über dem Ruhrgebiet liegt.

„Aber sonst ist es bei uns schön. Die Bergleute veranstalten Paraden, wir feiern Karneval und da gibt es dann immer diese süßen Berliner.“

Edeltraud starrt Verena an.

„Das hätte ich nicht von dir gedacht!“, sagt sie und eilt schnell in das nächste Zimmer.

„Und ich dachte immer, das Ruhrgebiet wäre eine Provinz!“, murmelt Edeltraud in das Oberbett, das sie mit einem frischen Bezug überzieht. „Das gibt es doch nicht. Hat die jedes Jahr einen neuen Kerl! Das kommt ja sogar in Berlin nicht oft vor. Schon gar nicht bei Frauen. Ja, die Männer, die sind flatterhaft.“

„Was hast du denn?“, will Verena wissen, als sie sich auf dem Flur am Servicewagen treffen.

„Ach, nichts!“, antwortet Edeltraud und denkt: „Unmöglich, diese Person!“

Schnell klemmt sie Bettwäsche und Handtücher unter den Arm und stürmt in das nächste leere Zimmer.

Verena sieht ihr nach.

„Was ist dir denn für eine Laus über die Leber gelaufen?“, ruft sie der Kollegin nach.

Doch Edeltraud dreht sich nicht einmal um.

In der Frühstückspause kann Edeltraud Verena nicht ausweichen. Zusammen mit ihrer Kollegin Annelore sitzen die beiden an einem Tisch im Restaurant. Sie dürfen sich an den Resten des Frühstücksbüfetts bedienen.

Verena holt eine Scheibe Weißbrot und ein Ei. Sie hat keinen großen Appetit. Sie spürt genau, dass Edeltraud sie immer von der Seite ansieht.

Edeltraud lädt graues Brot, rosafarbene Wurst und ein paar Gurken auf ihren Teller.

„Du hast doch was!“, sagt Verena, als Edeltraud gerade eine Gurke in den Mund steckt.

„Habe ich dir etwas getan? Ist etwas geschehen?“, fragt Verena und sieht Edeltraud und Annelore an.

Annelore hebt die Schultern. „Ich weiß nichts“, meint sie und sieht Edeltraud an.

Edeltraud weiß nicht, was sie sagen soll.

Sie streicht sich ein Brot und belegt es mit ihrer Lieblingswurst.

„Mhm!“, schwärmt sie. „Paderborner und Lyoner mag ich am liebsten!“

Verena legt das Ei-Brot zurück auf den Teller. Essen kann sie später. Jetzt will sie wissen, was los ist.

„Wieso Männer aus Paderborn oder Lyon?“, erkundigt sie sich. „Und weshalb haben sie dir die Petersilie verhagelt?“

Edeltraud sieht sie verblüfft an. „Wieso Männer?“

„Na, du hast gesagt, dass du Paderborner und Lyoner am liebsten magst. Das sind Männer aus Paderborn und Lyon“, erklärt Verena.

Edeltraud lacht. „Ich meinte das Brot hier.“ Sie wedelt mit der Scheibe vor Verenas Gesicht. „Das heißt Paderborner! Und die Wurst! Die heißt Lyoner!“ Dabei zeigt sie mit dem Zeigefinger auf den Belag auf ihrem Brot.

Verena lacht ebenfalls. „Die Wurst heißt bei uns Schinkenwurst. Und ich kenne Kassler, das sieht so ähnlich aus wie dein Paderborner."

„Aber ein Kassler ist doch ein Stück Fleisch", sagt Edeltraud.

„Genau, und was bei uns ein Eierkuchen ist, ist im Ruhrgebiet ein Pfannkuchen", mischt sich die Chefin ein.

„Ein Pfannkuchen ist kein Eierkuchen!", empört sich Edeltraud. „Das ist ein rundes Gebäck mit Marmeladenfüllung. Herrlich süß!"

„Sag ich doch", meint Verena. „Bei uns heißt das Berliner. Und zu Karneval gibt es sogar Scherz-Berliner mit Senffüllung. Beim Bäcker betone ich deshalb jedes Mal: ‚Aber bitte mit Marmelade!'"

Edeltraud starrt Verena an. Dann fängt sie an, zu lachen, sie kann nicht aufhören.

„Und ich dachte, du hättest jedes Jahr einen neuen Kerl aus Berlin", sagt sie zwischen zwei Lachanfällen.

Da muss auch Verena lachen. „Und das, wo ich Berliner Männer überhaupt nicht ausstehen kann!"

LASSEN SIE ERZÄHLEN

- *Unter welcher Bezeichnung kennen Sie das Fettgebäck mit dem Marmeladenkern? (Pfannkuchen, Berliner ...)*
- *Haben Sie einmal eine ähnliche Verwirrung der Speisen erlebt wie in der Geschichte? (Pfannkuchen oder Eierkuchen, Kassler als Brot oder Fleisch, der „halve Hahn" als Hähnchen oder Brötchen ...)*
- *Welche Erinnerung haben Sie an die Mauer in Berlin?*
- *Waren Sie einmal im anderen Teil Deutschlands, solange es noch getrennt war?*
- *Wohin sind Sie gezogen, nachdem Sie Ihr Elternhaus verlassen haben?*

WAS SIE NOCH TUN KÖNNEN

Überlegen Sie gemeinsam mit den Zuhörer*innen, wie ein Berliner bzw. Pfannkuchen zubereitet wird. Bringen Sie die notwendigen Utensilien (z. B. einen Rührlöffel, eine Kelle für das Wenden im Fett, ein Sieb zum Bestäuben mit Puderzucker) mit in die Gruppe und lassen Sie sich zeigen, wie damit gearbeitet wird. Als Abschluss kann natürlich für jede*n ein frischer Berliner zum Kaffee gereicht werden.

STREICHE IM ZOO

Schwester Procula tippt Rolf auf den Kopf. „23“, sagt sie. Das ist ihre Art, die Kinder zu zählen. So weiß sie sicher, wie viele Kinder anwesend sind.

Heute ist das besonders wichtig. Heute fährt Schwester Procula mit einer Gruppe von 8- bis 12-jährigen Kindern in den Zoo.

„Da haben wir ja eine Horde Flöhe zu hüten“, stellt Herr Hiller fest. Er begleitet Schwester Procula, damit sie den Überblick nicht verliert. Und falls einer der Jungen auf die Toilette muss. Schwester Procula darf ja nicht einfach auf die Herrentoilette.

„Der Zug fährt gleich ein. Herr Hiller geht vor und zeigt euch, wo ihr euch hinsetzen müsst", erklärt Schwester Procula.

Gesagt, getan. Der Zug hält an, die Kinder steigen ein, der Zug fährt ab und hält wieder. Ganz in der Nähe des Zoo-Eingangs.

Auf dem Bahnsteig zählt Schwester Procula noch einmal nach.

„23 Kinder", sagt sie zufrieden und geht voraus die Treppe hinunter und wieder hinauf bis zur Kasse.

Herr Hiller bildet das Schlusslicht.

„Karten für 23 Kinder und zwei Erwachsene", bittet Schwester Procula die Kassiererin.

Sie erhält die Karten und geht mit den Kindern und Herrn Hiller in den Zoo.

„Boah!", staunen die Kinder. Direkt neben dem Eingang ist das Löwengehege. Mit einem lauten Brüllen begrüßt der Löwe die Neuankömmlinge.

„Geht nicht zu nah an die Absperrung!", mahnt Herr Hiller.

„Kommt noch einmal zu mir, ich will sicher sein, dass niemand verloren geht", verlangt Schwester Procula.

„Eins, zwei …", zählt sie.

Dieses Mal ist Marianne die Letzte, die sie antippt.

„22!", sagt Schwester Procula und kratzt sich an der Stirn, unter ihrer Haube.

„Wer fehlt denn? Herr Hiller, Sie waren doch ganz hinten, als wir vom Bahnhof kamen, oder?"

Herr Hiller sieht die Schwester empört an. „Ich habe aufgepasst. Niemand ist verloren gegangen."

„Spaß gemacht!", ruft da Rolf. „Ich habe mich versteckt, als Sie gezählt haben!"

Schwester Procula sieht ihn ernst an. „Solche Späße mag ich gar nicht! Am besten bleibst du bei mir, wenn die anderen die Tiere ansehen."

Rolf ist entsetzt. Mit einer solchen Strafe hat er nicht gerechnet. Schwester Procula bleibt hart. Sie achtet darauf, dass Rolf immer in ihrer Nähe ist.

„Sonst lernst du nie, dass man anderen keinen Schrecken einjagt", erklärt sie Rolf streng.

Neidvoll sieht Rolf, wie die anderen Kinder an der Absperrstange turnen und die Ziegen streicheln.

Schwester Procula steht mit einem Abstand hinter ihnen, um alle im Blick zu haben.

Rolf steht neben ihr und kann kaum etwas sehen.

Um sich die Zeit zu vertreiben, stellt er sich mal rechts und mal links neben Schwester Procula.

Als sie das Elefantengehege erreichen, stellt er sich hinter sie. Rechts und links schaut Rolf an Schwester Proculas Rücken vorbei.

Der Elefant rollt einen Ball, hebt ihn an und wirft ihn über den Wassergraben zu den Kindern.

Die Kinder ganz vorne schubsen und drängen sich.

Rolf, ganz alleine hinter der Schwester, muss nur die Arme heben und den Ball fangen.

„Danke!", ruft er dem Elefanten zu.

„Wirf den Ball zurück", bittet der Elefantenwärter.

Rolf nimmt Anlauf und wirft den Ball ins Elefantengehege. Allerdings trifft er den Wärter am Kopf. Wie gut, dass Schwester Procula in ihrer Tracht so breit ist. Dahinter kann er sich gut verstecken und hervorlugen. Der Wärter droht ihm mit dem Finger.

Der Elefant hat die Lust am Ballspiel verloren. Er reckt seinen Rüssel über den Wassergraben und zieht an Mariannes Zopf.

„Nein!“, kreischen die Kinder und gehen einige Schritte zurück.

Der Elefant lässt Mariannes Zopf los und fährt erneut seinen Rüssel aus. Er geht so dicht an den Wassergraben wie möglich. Dadurch reicht der Rüssel bis zu Schwester Procula.

Der Elefant greift nach der Haube der Schwester.

Rolf streckt die Arme aus und ergreift das Ende des Schleiers, der zur Haube gehört.

Der Elefant zieht an der Haube, Rolf zieht an dem Schleier. Eine Weile geht es hin und her! Rolf zieht die Haube zu sich, aber der Elefant gibt sich nicht geschlagen.

„Aus!“, ruft der Elefantenwärter zum Glück.

Lange hätte Rolf die Haube nicht mehr halten können.

Aber Schwester Procula ist dankbar und die anderen Kinder beeindruckt, dass er den Wettkampf mit dem Elefanten gewonnen hat. Den Rest des Tages darf auch Rolf im Zoo herumlaufen. Er weiß, dass Späße nicht immer lustig sind, ganz gleich, ob ein Mensch oder ein Elefant sie ausführt.

LASSEN SIE ERZÄHLEN

- *An welches lustige Erlebnis in einem Zoo erinnern Sie sich gerne?*
- *Welche Zoos haben Sie besucht? Was war dort besonders?*
- *Mit wem sind Sie in den Zoo gegangen?*
- *Waren Sie in einer Kindergruppe?*
  (in einer Kirchengemeinde, einem Verein ...)
- *Gab es dort, wo Sie aufgewachsen sind, Ordensschwestern? Welchen Kontakt hatten Sie zu ihnen?*

WAS SIE NOCH TUN KÖNNEN

Verteilen Sie, in Anlehnung an die Haube von Schwester Procula, bunte Chiffontücher an die Zuhörer*innen. Spielen Sie schwungvolle, melodische Musik ab und lassen Sie die Senior*innen sich frei oder nach Ihrer Anleitung mit den Tüchern am Platz oder im Raum zur Musik bewegen.

MEINE BANK, MEIN SCHLOSS, MEIN MODELL

Heinz und Thomas begegnen sich beim Klassentreffen.

„Und? Wie geht's?" Thomas boxt seinem Schulkameraden gegen die Schulter.

Heinz schweigt kurz, ehe er antwortet: „Es geht. Und bei dir?"

„Alles bestens!", meint Thomas.

Keiner sagt etwas. Thomas dreht sich um, außer ihm und Heinz ist bisher keiner da.

„Immer noch so gut in Mathe wie früher?“, fragt Thomas schließlich.

„Mathe verlernt man nicht!“, findet Heinz.

„Das sagst du! Ohne dich wäre ich mit Glanz und Gloria durchs Abi gefallen“, gibt Thomas zu.

„Ich weiß“, ist alles, was Heinz von sich gibt.

Schweigend hält sich Heinz an seinem Bierglas und Thomas an seinem Weinkelch fest.

„Und? Was machst du so?“ Thomas kann die Stille kaum ertragen. Außerdem will er endlich erzählen, was er alles erreicht hat.

Heinz lacht. „Mathe, was dachtest du denn?“

„Echt? Bist du Professor oder so?“ Thomas versucht, Heinz aus der Reserve zu locken, um dann das Gespräch auf sich zu bringen.

„Finanzamt!“, erklärt Heinz knapp.

„Mein Gott!“ Thomas schlägt sich die Hand vor den Mund. „Tut mir leid, das ist mir nur so rausgerutscht. Das Finanzamt ist wichtig. Keine Frage.“

Er hebt an, um damit anzugeben, dass er sich von seinen Steuern locker eine Yacht leisten könnte.

Aber das passt nicht mehr zu Heinz’ Bemerkung: „Ist schon gut. So reagieren alle, wenn ich erzähle, dass ich beim Finanzamt bin. Deshalb verschweige ich das meist."

„Verschweigen, verschweigen ..." wiederholt Thomas die Worte in Gedanken. Er überlegt fieberhaft, wie er die Brücke zu seinem Job schlagen kann. „Wieso fragt dieser dämliche Heinz nicht danach?", ärgert er sich.

„Aber die Arbeit im Finanzamt ist gut." Heinz ist plötzlich wie ausgewechselt. Er hört nicht auf, von seinen Aufgaben in der Finanzbehörde zu erzählen.

Thomas schwirrt der Kopf. Steuerabschreibung, Körperschaftssteuer, Datenschutz, das sind keine Themen für ein Klassentreffen.

„Bist du verheiratet?", platzt Thomas mitten in Heinz' Monolog. Vielleicht kann er da seine Eroberung unterbringen.

„Klar!", antwortet Heinz. „Meine Frau ist auch im Finanzamt. Ich A bis F, sie G bis K. Das ergänzt sich prima. Wir brauchen die Fachliteratur nur einmal zu kaufen, wobei wir die ja sowieso absetzen können. Aber wir können zusammen auf Fortbildungen. Wenn neue Gesetze rauskommen ..."

Thomas muss sich zwingen, nicht die Finger in die Ohren zu stecken. „Was bildet sich dieser Typ eigentlich ein?", denkt sich Thomas. „Bloß, weil er mich im Abi hat abschreiben lassen, muss er mich jetzt nicht mit seinem dämlichen Finanzamtsmist behelligen."

„Interessiert dich eigentlich nicht, was ich so mache?" Inzwischen ist Thomas gleichgültig, ob das peinlich wirkt oder nicht. Er will seinen Spruch loswerden!

„Natürlich, aber du erzählst ja nichts", meint Heinz.

Die kurze Pause nach dem Satz nutzt Thomas: „Weißt du, Heinz", sagt er und setzt ein überhebliches Lächeln auf. „Ich habe eine Bank, ein Schloss und wenn ich nach Hause komme, erwartet mich dort ein Modell."

Thomas ärgert sich, dass er nicht wie in der Werbung Fotos dabeihat: ein Foto vom Bankhaus, von dem hübschen, kleinen Schloss am Rhein und dem Topmodel, mit dem er seit zwei Jahren liiert ist.

Der Ärger wächst, als Heinz antwortet: „Eine Bank habe ich auch, direkt gegenüber vom Finanzamt. Da sitzt es sich so herrlich, wenn meine Frau und ich Mittagspause machen. Und ein solides Schloss, mit dem ich meine Schreibtischschublade abschließe, seit bei uns eingebrochen wurde, das braucht man heutzutage."

Thomas schnappt nach Luft. So ein Ignorant ist ihm noch nie begegnet. Wenigstens kann er bei dem Modell nicht mithalten.

Da sagt Heinz schon: „Und was die Modelle angeht, da habe ich etwa 120 Modellautos. Schön in einer Glasvitrine, das macht echt was her. Mensch, vielleicht können wir uns treffen und du zeigst mir deine Modelle."

Thomas ist kurz vorm Platzen. Zum Glück treffen in dem Augenblick die anderen Mitschüler ein und umringen die beiden Männer sofort.

Thomas geht Heinz den Rest des Abends aus dem Weg und die Freude an seinem Erfolg ist ihm vermasselt.

Heinz hingegen trinkt mit jedem ein Bierchen und freut sich darüber, dass ihm heute noch so viele für seine Mathe-Nachhilfe danken.

LASSEN SIE ERZÄHLEN

- *Welche Erinnerungen haben Sie an Ihr letztes Klassentreffen? Oder ein Kommunions- bzw. Konfirmationstreffen?*
- *Worauf sind Sie in Ihrem Leben besonders stolz?*
- *Haben Sie als Kind oder im Erwachsenenalter etwas gesammelt? (Spielzeugautos, Briefmarken, Münzen, Puppen …)*
- *Welches war Ihr Lieblingsfach in der Schule? Haben Sie anderen Schülerinnen und Schülern geholfen?*

WAS LIEGT DENN DA IM TEICH?

Karl und Ursula machen ihren üblichen Sonntagsspaziergang im Schlosspark. Eingehakt schlendern sie zwischen alten Bäumen und jungen Blüten einher.

„Es ist so schön ruhig heute“, stellt Ursula fest.

„Die Eltern sind mit ihren Kindern alle beim Kinderfest im Schloss“, mutmaßt Karl. „Obwohl ich es unmöglich finde, dass das Fest nach dem Diebstahl stattfindet.“

„Aber was sollen sie denn machen?", meint Ursula. „Davon, dass das Fest ausfällt, kommt das kostbare Collier auch nicht wieder."

Karl zieht die Stirn kraus und schüttelt den Kopf.

„Mir soll's egal sein. Ich liebe die Stille!" Ursula bleibt stehen und reckt die Nase in die Luft. „Und dieser Frühlingsduft. Das Leben kann so schön sein."

„Vor allem, wenn dieser dämliche Friedrich nicht unterwegs ist", stimmt Karl seiner Frau zu. „Der mag ja viel für die Stadt getan haben, als er Bürgermeister war. Aber heute ist er nur noch laut und peinlich."

Ursula ist ebenfalls froh, dass dieser grobschlächtige ehemalige Bürgermeister nicht zu hören und zu sehen ist.

„Und unser Plätzchen ist auch frei", freut sie sich und zeigt über den Parkteich hinweg auf eine Bank auf einem kleinen Landvorsprung.

Karl grinst und klopft sich mit beiden Händen auf die Jackentaschen. „Verpflegung habe ich selbstverständlich dabei."

Ursula lacht. „Ich habe gemerkt, dass du eine Tafel Schokolade und die kleine Flasche Branntwein genommen hast."

„Wir picknicken wie in alten Zeiten“, sagt Karl und legt seinen Arm um Ursulas Schulter.

„Was ist das denn da?“ Ursula zeigt auf die kleine Insel mitten im See.

„Glitzert da etwas?“ Karl beugt sich vor, um besser sehen zu können.

„Hätte ich doch das Fernglas mitgenommen“, ärgert er sich.

Ursula geht dicht ans Ufer. „Da liegt etwas, das glitzert. Keine Frage.“

„Vielleicht das verschwundene Collier!“, vermutet Karl.

„Wie soll das in den Teich kommen?“ Ursula sieht ihren Mann an. „Du hast vielleicht Ideen.“

„Der Dieb könnte es verloren haben. Was soll es denn sonst sein? Es kommt doch um diese Jahreszeit niemand auf die Insel“, sagt Karl.

„Wir rufen die Polizei“, schlägt Ursula vor.

„Spinnst du? Das gibt einen fetten Finderlohn. Den lasse ich mir doch nicht entgehen.“ Karl sucht bereits eine Bank in der Nähe, auf die er seine Schuhe und Jacke legen kann.

Karl setzt sich auf die Bank und löst die Schnürsenkel seiner Schuhe. Er legt die Jacke ab.

„Hey, Karl, willst du ein Bad nehmen?“, scherzt ein Mann unverhofft hinter ihnen.

Karl und Ursula drehen sich um.

Der alte Bürgermeister Friedrich steht da mit seinem Gehstock.

Karl sieht zu dem glitzernden Etwas am Rand der Insel. „Hoffentlich hat dieser unsympathische Friedrich nichts davon mitbekommen“, hofft er.

Zum Glück verabschiedet sich der ehemalige Bürgermeister und geht mit großen Schritten davon.

Karl zerrt hektisch an seinen Schnürsenkeln und schüttelt die Schuhe von den Füßen.

„Ich gehe da jetzt rein, bevor jemand kommt und das Collier entdeckt“, verkündet er.

„Du weißt doch gar nicht, ob es das Collier ist“, versucht Ursula, ihn zu bremsen.

Karl lässt sich nicht abwimmeln. Er zieht seine Socken aus und legt seine Uhr ab, damit sie nicht nass wird.

In dem Moment zischt etwas an seinem Kopf vorbei.

Ehe er reagieren kann, ist eine Elster an ihm vorbeigeflogen. Mit seiner Uhr im Schnabel. Fassungslos folgt Karl dem Vogel mit seinem Blick und traut seinen Augen kaum. Die Elster fliegt zu der Insel und legt seine Uhr genau dort ab, wo er das Collier vermutet.

Hinter ihm erklingt ein tiefes Lachen.

„Da hat die Elster wohl wieder fette Beute gemacht", hört er die Stimme vom alten Bürgermeister Friedrich.

„Sie glauben gar nicht, wie viele Leute in den letzten Tagen schon in den See gewatet sind. Alle dachten, das Glitzerzeug dort sei das verschwundene Collier."

Karl sieht an sich herunter. Er denkt fieberhaft nach. Er muss dem unsympathischen Mann glaubhaft machen, dass er nicht zum Kreis der Schatzjäger zählt.

Schließlich lacht er. „Ja, die Leute denken immer, wo es glitzert, ist ein Schatz", sagt er. „Jetzt ist es mir fast peinlich, dass ich ausgerechnet heute ausprobieren wollte, wie es ist, Barfußläufer zu sein."

„Jaja", sagt der alte Bürgermeister. „Barfußlaufen kann man ohne Armbanduhr auf jeden Fall besser!"

Karl blickt beschämt zu Boden. Der alte Friedrich hat ihn durchschaut. „Du hast ja Recht. Es ist nicht alles Gold, was glänzt", gibt Karl zu und nimmt sich fest vor, von nun an nicht hinter jedem Glitzern einen Schatz zu vermuten.

LASSEN SIE ERZÄHLEN

- *Wo gehen Sie gerne spazieren? (im Wald, in einem Park, durch Feld und Wiese ...)*
- *Ist bei einem Spaziergang etwas geschehen, an das Sie sich noch heute erinnern?*
- *Tragen Sie gern Schmuck, wie z. B. ein Collier oder eine Armbanduhr? Welches ist ihr liebstes Schmuckstück?*
- *Haben Sie schon einmal gepicknickt? Was gehört für Sie zu einem gemütlichen Picknick?*
- *Was haben Sie mit einer diebischen Elster erlebt?*

MÄRCHENHAFTER KLASSENAUSFLUG

Endlich Ausflugstag! Die ersten beiden Klassen der Waldschule wandern zum Märchenpark auf der anderen Seite des Waldes.

Vor dem Start bekommt jedes Kind eine Tüte mit einem Apfel, einem Päckchen Milch und einem Brötchen. „Damit ihr unterwegs nicht verhungert“, sagt Frau Wansing, die Lehrerin, mit einem Lächeln.

Die Zwillinge Rita und Berta können kaum erwarten, dass es losgeht.

Anton hingegen verzögert den Start. Er findet seine Jacke nicht, muss noch zur Toilette und seinen Schnürsenkel zubinden.

„Was ist denn, Anton?“, fragt Frau Wansing leise.

„Ich habe Angst“, flüstert Anton. „Meine große Schwester hat gesagt, wer in den Wald geht, kommt nie wieder zurück.“

Frau Wansing ärgert sich über Antons Schwester. Sie weiß, dass solche Geschichten ihre Schüler verunsichern.

„Siehst du mich?“, fragt sie freundlich.

Anton nickt.

„Ich bin letzte Woche in den Wald gegangen, um den Weg zu testen“, verrät die Lehrerin. „Und ich bin zurückgekommen.“

Anton seufzt. Er weiß nicht, ob er seiner Schwester glauben soll oder seiner Lehrerin. Aber die Lehrerin ist älter und eben Lehrerin, die weiß alles.

Die Wanderung kann beginnen.

Sicherheitshalber geht Anton als Letzter. So hat er alle Kinder im Blick und merkt, wenn Gefahr droht.

Außerdem hat er sich etwas ausgedacht. Das soll jedoch niemand mitbekommen.

Die Kinder und Lehrer wandern eine halbe Stunde durch den Wald.

Die ersten stöhnen bereits über den langen Weg.

Da taucht vor ihnen das Tor des Märchenparks auf.

An der Kasse bekommt die Lehrerin für jedes Kind eine Eintrittskarte und einen Zettel.

„Da können Ihre Kinder Märchen raten", sagt die Kassiererin. „Wir verlosen Freikarten für den Park."

Die Lehrerin verteilt die Karten an die Kinder. „An jedem Märchen, das wir sehen, steht eine Zahl. Die Zahl müsst ihr zu dem passenden Bild eintragen. Schafft ihr das?"

„Jaaa!", rufen die Kinder.

„Dann bildet Zweiergruppen", fordert Frau Wansing.

Die Kinder suchen ihre Freunde und stellen sich auf.

Nur Anton findet seinen Freund Robert nicht. Er wollte im Wald vorweglaufen.

„Robert ist nicht da!", sagt Anton aufgeregt. Er hat es doch gleich gewusst, dass in dem Wald Menschen verschwinden. Hätte er sich bloß nicht von seiner Lehrerin einwickeln lassen.

„Er ist bestimmt nur eben aufs Klo“, beruhigt Frau Wansing Anton. „Wir warten hier auf ihn. Die anderen können schon vorgehen. Aber immer nur auf den Wegen von Märchen zu Märchen!“

Antons Mitschüler stürmen los.

Anton steht mit Frau Wansing neben der Kasse.

„Bestimmt ist er im Wald verschwunden“, klagt er.

„Anton, nun red nicht solchen Unsinn“, sagt die Lehrerin ungehalten. Allerdings ist ihr auch nicht ganz wohl.

Nach fünf Minuten bittet sie Anton, Robert aus dem WC-Häuschen zu holen.

Anton ist erleichtert, dass er endlich etwas tun kann. Er verschwindet hinter der Tür mit dem „H“ und taucht sofort wieder auf.

„Da ist niemand“, verkündet er.

Frau Wansing wird blass und fragt sich, wo der Junge sein kann. Sie glaubt nicht an die Geschichte, dass Menschen im Wald verschwinden. Aber als Lehrerin ist sie bei jedem Ausflug in Sorge, dass etwas geschieht.

„Wir warten noch fünf Minuten“, erklärt Frau Wansing. Was nach den fünf Minuten sein wird, weiß sie nicht. „Soll ich die Polizei anrufen? Oder den Weg zurückgehen? Vielleicht ist Robert unbemerkt gestolpert und verletzt“, überlegt die Lehrerin.

„Sind die fünf Minuten um?“, fragt Anton nach einiger Zeit.

Frau Wansing sieht auf die Uhr.

In dem Augenblick taucht Robert vor dem Park auf.

„Robert!“, ruft Frau Wansing verärgert und erleichtert zugleich. „Wo warst du? Was hast du gemacht?“

„Ich habe meinen Frühstücksbeutel gesucht. Er war auf einmal weg. Und dann waren alle weg.“ Robert ist außer Atem und muss zwischendurch immer wieder Luft holen. So schnell ist er gelaufen.

„Gut, dass du uns gefunden hast.“ Frau Wansing verzichtet auf einen Tadel. Robert ist aufgeregt genug.

„Aber warum hat das so lange gedauert?“

„Ich wusste nicht, welche Spur zum Märchenpark führt“, antwortet Robert.

„Welche Spur?“ Frau Wansing fragt sich, ob der Junge im Wald den Verstand verloren hat. „Da gibt es keine Spur durch den Wald.

„Doch“, beteuert Robert. „Eine Spur aus Brotkrümeln. Wie bei Hänsel und Gretel.“

Frau Wansing verzieht das Gesicht. „Das denkst du dir aus, oder?"

„Nein!" Robert hebt drei Finger zum Schwur. „Ehrlich."

Anton sieht die ganze Zeit auf seine Füße. Das fällt Frau Wansing erst jetzt auf. Ihr kommt ein Gedanke.

„Anton, warst du das?", fragt sie.

Anton nickt. „Ich wollte nur, dass wir den Weg zurückfinden. Oder uns jemand folgen kann, wenn wir verschleppt werden."

Frau Wansing lacht und streicht ihm über den Kopf.

„Du bist einer! Aber dank deiner Idee hat Robert uns gefunden. Beim nächsten Ausflug überlegen wir vorher, wie wir eine Spur legen können."

Anton strahlt und nimmt Robert an die Hand, um sich endlich die Märchen im Park anzusehen.

LASSEN SIE ERZÄHLEN

- *An welchen Klassenausflug erinnern Sie sich? Wohin führte er?*
- *Haben Sie schon einmal einen Märchenpark besucht?*
- *Welches Märchen haben Sie besonders geliebt? Mögen Sie es uns erzählen?*
- *Mit wem sind Sie immer zusammen gegangen, wenn es hieß: „in Zweierreihen aufstellen“?*
- *Welche Erinnerung haben Sie an Ihre Lehrerinnen und Lehrer? Welche mochten Sie besonders? Warum?*

DER SONNTAGSHUT

Eigentlich ist Ferdinand ein genügsamer Mensch. Er isst, was seine Frau kocht. Er klagt nicht über anstrengende oder langweilige Aufgaben seines Vorgesetzten. Wenn im Heimatverein keiner das Protokoll schreiben will, meldet er sich freiwillig. Sogar die Scherze der Nachbarskinder über seine Glatze lässt er gleichmütig über sich ergehen, ohne zu schimpfen.

Nur an einer Stelle ist er verwundbar wie Siegfried in der Nibelungen-Geschichte. Wenn es um seinen Sonntagshut geht, versteht er keinen Spaß.

Seit Jahren trägt er den silbergrauen, kleinen Hut tagein tagaus am Sonntag. Natürlich hat er auch werktags ein Hütchen auf dem Kopf. Aber das ist mal kariert, mal blau, mal braun oder aus Stroh.

Der Sonntagshut jedoch ist besonders. Er schimmert zwischen grau und silbern und könnte aus Samt sein. So genau weiß Ferdinand das nicht. Vor Jahren hat seine Frau Margarete ihm den Hut geschenkt. Wo sie ihn gekauft hat, weiß er nicht. Gerade deshalb hegt und pflegt er seinen Hut und trägt ihn nur sonntags, allenfalls noch zu außergewöhnlichen Ereignissen, eine Silberhochzeit von Freunden zum Beispiel.

Heute nun wird das 750-jährige Stadtjubiläum begangen. Zu dem Anlass ist Ferdinand selbstverständlich mit Sonntagshut unterwegs. Er sitzt mit dem silbergrauen Hütchen auf der Glatze in der Aula des Gymnasiums, wo der Festakt stattfindet.

„Du, Ferdinand, könntest du hier im Saal deinen Hut abnehmen?“, bittet eine Bekannte, die in der Reihe hinter ihm sitzt.

„Das wäre gut, wir sehen auch nichts", meldet sich ein Freund weiter hinten.

Ferdinand nimmt den Hut ab und legt ihn auf seinen Schoß.

„Hier, das Programm!" Margarete rechts neben ihm reicht Ferdinand ein Heft.

Ferdinand jongliert mit Programm und Hut. Schließlich bittet er seinen linken Nachbarn am Rand der Reihe, den Hut auf die Fensterbank zu legen, neben die anderen Hüte, die sich dort angesammelt haben.

Ferdinand und Margarete lauschen den Rednern, den Vorführungen einiger Schüler, der musikalischen Darbietung des städtischen Orchesters.

Zwischendurch schielt Ferdinand immer wieder zu seinem Hut auf der Fensterbank.

„Wir freuen uns darauf, mit Ihnen im Foyer auf das Jubiläum unserer Stadt anzustoßen", sagt der Bürgermeister zum Abschied.

Endlich! Ferdinand steht auf. Doch sein Sitznachbar packt umständlich seine Brille ein und verheddert sich dann noch in seinem Schal.

Als Ferdinand endlich die Fensterbank erreicht, liegt dort nur noch ein schwarz-grauer Hut. Aus ähnlichem Material wie seiner. Auch sehr schön, aber das ist nicht sein Hut.

Ferdinand ist fassungslos. Nach all den Jahren ist sein heiß geliebter Sonntagshut verschwunden.

„Mein Hut“, jammert er, als Margarete ihn zum Büfett ziehen will. „Mein Hut ist weg!“

Margarete starrt auf den schwarz-grauen Hut auf der Fensterbank. „Das ist ja ein Ding.“

Aber sie hat sich schneller gefasst als ihr Mann. „Der kann ja nicht weg sein, irgendjemand hat ihn auf dem Kopf. Komm, wir trinken ein Glas Sekt und halten Ausschau nach dem Hut.“

Die beiden flanieren durch das Foyer der Schule. Keine Spur von Ferdinands silbergrauem Hut.

Ferdinand steigt sogar auf einen Hocker, um über die anderen Gäste hinwegzusehen. Nichts. Sein Sonntagshut bleibt verschwunden.

Betrübt gehen die beiden nach Hause. Ferdinand schaltet sofort den Fernseher ein und trinkt ein Bier, um seinen Kummer zu vergessen. Margarete trinkt ein Likörchen, um den Schreck zu verdauen.

Als die Erkennungsmelodie vom „Musikantenstadl“ erklingt, schrillt die Glocke an der Wohnungstür.

Margarete geht zur Tür, leicht schwankend, weil sie die Likörflasche inzwischen ganz geleert hat.

Ein Kegelbruder steht vor der Tür. In der Hand hält er Ferdinands Sonntagshut.

„Ich habe versprochen, den Hut gleich heute wieder zurückzubringen, da bin ich!“, sagt der Mann.

„Versprochen?“ Margarete sieht den Mann fassungslos an und bittet ihn ins Wohnzimmer.

„Ferdi, hast du den Hut verliehen?“, fragt sie ihren Mann.

„Doch nicht meinen Sonntagshut!“, knurrt Ferdinand. „Und jetzt will ich das sehen.“

„Lass den Fernseher. Guck, wer da ist!“, verlangt Margarete und stellt sich zwischen Fernseher und Ferdinand.

„Ach, Kuno“, sagt Ferdinand und will aufstehen, um Margarete wegzuschieben.

Da fällt sein Blick auf den Hut. „Das ist ja mein Sonntagshut“, stammelt er. „Woher hast du den?“

„Ich habe dir doch geschrieben, dass ich ihn kurz ausleihe für ein Foto“, erklärt Kuno. „Wir wollten für die nächste Silberhochzeit ein Foto machen. Weißt du das nicht mehr?“

Ferdinand zieht die Stirn kraus, als könnten sich seine Gedanken dadurch zurechtschütteln. „Ich weiß von nichts."

Kuno überlegt. „Das stimmt ja. Du warst beim letzten Kegeln nicht dabei. Wir haben entschieden, für Bärbel und Willi eine Karte zu basteln. Die beiden Eselsfiguren vor dem Gymnasium als Silberpaar. Als ich dich heute mit dem Hut sah, passte das gut."

„Aber du kannst nicht einfach meinen Hut nehmen, ohne zu fragen und etwas zu sagen!", tobt Ferdinand.

„Ich habe dir einen Zettel hingelegt. Dorthin, wo der Hut lag", beteuert Kuno.

Ferdinand und Margarete sehen sich betreten an.

„So genau haben wir nicht nachgeschaut", gibt Margarete zu.

Ferdinand ist zwar verärgert, doch dann klopft er Kuno auf die Schulter. „Schwamm drüber. Ab jetzt gebe ich meinen Hut nicht mehr aus der Hand!"

LASSEN SIE ERZÄHLEN

- *Haben Sie jemals einen Hut getragen? Wie sah dieser aus? Haben Sie ihn selbst gekauft oder geschenkt bekommen?*
- *Besitzen Sie etwas, an dem Sie besonders hängen? Was ist das? Woher haben Sie das?*
- *Haben Sie eine Jubiläumsfeier Ihrer Stadt miterlebt? Wie wurde der Geburtstag begangen?*
- *Waren oder sind Sie Mitglied in einem Verein? (in einem Kegelclub, einem Schützenverein, einem Sportverein, einem Heimatverein ...)*
- *Was haben Sie gemeinsam unternommen?*

WAS SIE NOCH TUN KÖNNEN

Bringen Sie den Senior*innen Gegenstände mit, die mit dem Feiern einer Hochzeit zu tun haben, etwa einen Schleier, ein Strumpfband, eine Anstecknadel, einen Ring. Lassen Sie die Zuhörer*innen berichten, wie sie Hochzeiten erlebt haben, welche Bräuche es dort gab und welche Hochzeitsjubiläen welchen Namen tragen.

FRIEDENSFAHRT

Anneliese steht vor dem Spiegel im Badezimmer. Auf einem Stuhl, den sie mühevoll aus der Küche geholt hat.

Sie kämmt ihre langen, dunkelblonden Haare. Dann nimmt sie ein Haarbündel rechts vom Kopf und teilt es in drei Stränge, um daraus einen Zopf zu flechten. Mit einem Gummiband sichert sie den Zopf.

Danach wiederholt sie das Ganze mit dem Haarbündel links vom Kopf.

„Anneliese, kommst du endlich!“, hört sie die Stimme ihrer Mutter.

„Gleich!“, antwortet sie und greift in die Tasche ihres Kleides. „Was ist das? Die Schleifen, die zu dem schönen Kleid passen, sind verschwunden. Das kann doch nicht sein!“, wundert sich Anneliese.

Sie klettert vom Hocker. Sie sucht auf dem Boden im Badezimmer. Sie sucht im Flur. Sie sucht im Schlafzimmer und im Wohnzimmer. Die Schleifen bleiben verschwunden.

„Anneliese, wir müssen jetzt los!“, mahnt nun auch der Vater. „Sonst verpassen wir Täve Schur und auf den hast du dich doch den ganzen Tag gefreut.“

Eben! Den ganzen Tag hat Anneliese sich darauf gefreut, Täve Schur auf seinem Rennrad zu sehen. Er hat schon einmal die Friedensfahrt gewonnen.

„Also, ich fahre den Radfahrern nicht hinterher bis Warschau oder Prag, damit du deinen Täve zu sehen bekommst.“ Die Stimme des Vaters klingt sehr ernst.

Anneliese sieht sich ein letztes Mal um. Irgendetwas muss sie tun, damit Täve Schur sie sieht. Die anderen winken mit Fähnchen, das weiß sie. Sie wollte mit den Schleifen auffallen – und jetzt das.

Ein letztes Mal öffnet sie den Kleiderschrank. Von den Schleifen keine Spur. Aber sie entdeckt etwas anderes. Rasch schiebt sie es in die Kleidertasche.

„Eigentlich ist das noch besser", überlegt Anneliese unterwegs.

Zufrieden hüpft sie zwischen den Eltern zu der Straße, an der die Teilnehmer der Friedensfahrt vorbeikommen.

„Ich bin gespannt, ob Täve Schur es in diesem Jahr wieder schafft", sagt Annelieses Vater.

„Dann könnten wir sagen: ‚Wir sind dabei gewesen!' Das wäre schön", findet Annelieses Mutter.

Anneliese ist egal, ob ihr Idol die Friedensfahrt gewinnt oder nicht. Er soll sie sehen.

Ihre Eltern schieben sie nach vorn an die Absperrung, wo die anderen Kinder stehen.

Alle Kinder haben Fähnchen in der Hand. Anneliese hat natürlich auch eines, aber sie hat noch etwas anderes.

Aus der Kleidertasche zieht sie rote Kniestrümpfe.

Während sie auf die Radfahrer wartet, knotet sie

um jedes Zopfende einen Kniestrumpf. Die Zöpfe werden ganz schön schwer dadurch. Aber Anneliese ist zufrieden und sicher, das wird Täve auffallen.

Die ersten Radfahrer kommen vorbei.

Anneliese kann gar nicht so schnell gucken, wie sie fahren. Sie kann nicht sehen, ob Täve dabei war oder nicht. Schwups, sind sie vorbei, ohne dass ihr jemand ein Lächeln schenkt.

Nach einiger Zeit zerstreut sich die Menge.

„Was hast du denn gemacht?“ Annelieses Mutter lacht, als sie die Strümpfe an den Zöpfen ihrer Kleinen sieht.

„Die Schleifen waren weg“, jammert Anneliese.

„Daran habe ich nicht mehr gedacht.“ Die Mutter sieht das Kind bedauernd an. „Ich hatte sie bereitgelegt, damit wir sie nicht vergessen.“

„Er hat mich sowieso nicht gesehen.“ Anneliese verzieht traurig das Gesicht. „Ich dachte, mit den Schleifen oder den Strümpfen falle ich auf.“

Der Vater legt eine Hand um ihre Schulter. „Die Fahrer sind wirklich sehr schnell“, tröstet er sie. „Schneller, als du rennen kannst. Da sieht man viele Kleinigkeiten nicht.“

Das tröstet Anneliese nicht. Nicht einmal richtig gesehen hat sie ihren Täve.

Am Abend bringt die „Aktuelle Kamera" einen Bericht über die Etappe der Friedensfahrt. Ausnahmsweise darf Anneliese diese anschauen, obwohl das Sandmännchen sie längst ins Bett geschickt hat.

„Guck doch, da bist du", sagt die Mutter.

Dass die Strümpfe rot waren, kann Anneliese auf dem Schwarz-weiß-Bildschirm zwar nicht erkennen. Aber das Mädchen mit den Zöpfen und den Strümpfen ist eindeutig sie selbst.

„Ich bin im Fernsehen!", freut sie sich und vergisst vor lauter Freude ihren Star Täve Schur.

Der gewinnt wenige Jahre später ein zweites Mal die Fahrt für den Frieden, die von Berlin über Prag nach Warschau führt.

LASSEN SIE ERZÄHLEN

- *Haben Sie einmal ein Radrennen miterlebt? (die Friedensfahrt, die Tour de France, das Sechstagerennen ...)*
- *Erinnern Sie sich an Fahrer bzw. Fahrerinnen oder Orte?*
- *Waren Sie einmal im Fernsehen? Was war der Anlass dafür?*
- *Welche Kleidung haben Sie in Ihrer Kindheit am liebsten getragen?*
- *Welche Frisur hatten Sie als Kind? Wer hat die Haare geschnitten?*

Bildnachweis

S. 7, 13: *Tanzende Figuren* © MIA Studio – Shutterstock.com
S. 14, 19: *Armaturenbrett* © Alexandru Nika – Shutterstock.com
S. 20, 26: *Schneemann* © Smit – Shutterstock.com
S. 27, 32: *Rosen* © Africa Studio – Shutterstock.com
S. 33, 39: *Schere* © Heather McArdle – Shutterstock.com
S. 40, 45: *Karussell* © Annette Shaff – Shutterstock.com
S. 46, 51: *Parkbank* © Nomad_Soul – Shutterstock.com
S. 52, 57: *Telefon* © Emmily – Shutterstock.com
S. 58, 63: *Hände* © Renata Sedmakova – Shutterstock.com
S. 64, 69: *Papagei* © PixieMe – Shutterstock.com
S. 70, 75: *Zimmerpflanze* © luckyshoe – Shutterstock.com
S. 76, 82: *Fernsehgerät* © BrAt82 – Shutterstock.com
S. 83, 88: *Berliner Ballen* © Unbreakable – stock.adobe.com
S. 89, 94: *Elefant* © Konstantin Goldenberg – Shutterstock.com
S. 95, 100: *Biergläser* © stockcreations – Shutterstock.com
S. 101, 106: *Seerose* © loflo69 – Shutterstock.com
S. 107, 113: *Baum* © potowizard – Shutterstock.com
S. 114, 120: *Hut* © goldpierre – Shutterstock.com
S. 121, 126: *Rennfahrer* © Josep Suria – Shutterstock.com

PRODUKTEMPFEHLUNG

Petra Bartoli y Eckert

*5-Minuten-Schmunzelgeschichten für Senior*innen*

SCHERBEN BRINGEN GLÜCK!

... und weitere humoristische Anekdoten
zum Vorlesen, Lachen und Plaudern

ISBN 978-3-8346-4391-9